Bibliografische Information der Deutschen Nationalbibliothek: Die Deutsche Nationalbibliothek verzeich-
net diese Publikation in der Deutschen Nationalbibli-
ografie; detaillierte bibliografische Daten sind im
Internet über http://dnb.dnb.de abrufbar.

Cover/Illustration©DigitalDreamweaver

Herstellung und Verlag: BoD – Books on Demand,
Norderstedt

ISBN: 9783753476827

Ein kleines Vorwort über die Krise

Jede Krise hat eine Ursache und einen Auslöser. Jede Krise hat einen Anfang und ein Ende. Und jede Krise hat Gewinner und Verlierer.

Die Verlierer sind auf jeden Fall diejenigen, die eine kommende Krise nicht als eine solche erkennen können oder wollen. Wer mag schon schlechte Nachrichten? Also ab mit dem Kopf in den Sand.

Dummheit, Ignoranz und Phlegma sind die Ergebnisse einer Wohlstandsgesellschaft, in der Eigeninitiative keine große Rolle mehr spielt. Das Essen kommt vom Discounter, der Strom aus der Steckdose, das Geld von der Arbeitsagentur oder in vielen Fällen in Höhe des Mindestlohns, mit dem die „kleinen" Leistungsträger unserer Gesellschaft abgespeist werden.

Leistung, vor allem die geistige, lohnt sich nicht mehr. Das Bildungsniveau sinkt immer tiefer und wird durch den Import von Heerscharen bildungsferner Menschen weiter reduziert. Das hat eindeutig Vorteile für die Politik. Wer nicht denkt, der versteht nicht, ist leicht lenkbar und somit der Wunschmensch der Zukunft.

Doch wer sind die Gewinner der Krise? Zuerst einmal diejenigen, die sie herbeigeführt haben. Krisen entstehen niemals zufällig, sondern werden gezielt herbeigeführt, denn es ist die Krise, die den Insider reich macht. Zu den Gewinnern gehören auch diejenigen, die die Katastrophe haben kommen sehen und nicht den Kopf in den Sand gesteckt, sondern sich gut aufgestellt haben. Und dann gibt es noch ein paar Glückspilze, die rein zufällig aufs richtige Pferd gesetzt haben. Aber die sind für uns uninteressant.

Interessant ist nur eins: Gehen Sie, geschätzter Leser, lieber als Gewinner oder Verlierer aus der Krise?

Barthle B. Boss

Meins bleibt meins!

Vermögensschutz in Krisenzeiten

Barthle B. Boss

Meins bleibt meins!

Vermögenschutz in Krisenzeiten

Das hat doch keiner wissen können.

Uns jet es doch jod. Die Wirtschaft boomt. Kredite regnen aus der großen Gießkanne. Dies ist das Motto der Bundesregierungen der letzten 17 Jahre. Der deutschen Wirtschaft könnte diese Taktik jedoch stark zusetzen, wenn es durch die sogenannten Zombieunternehmen zu einer Kettenreaktion kommt, die zwangsläufig eine riesige Pleitewelle auslösen wird. Die von der Bundesregierung vorübergehend ausgesetzte Pflicht zur Meldung eines Insolvenzantrags führte dazu, dass die Zahl verdeckt verschuldeter Firmen extrem angestiegen ist. Die Auskunftei Creditreform schätzt die Zahl der deutschen Zombie-Unternehmen derzeit auf 700.000 bis 800.000. Die Pleitefirmen sind gefährlich für die deutsche Wirtschaft. Die Lage verschlimmert sich von Tag zu Tag. Die Insolvenzen werden nur verschoben und werden schuldenlawinenmäßig viele derzeit noch gesunde Firmen mit in den Abgrund reißen. Das hat am Ende gravierende Auswirkungen auf die Zahl der Arbeitsplätze und produziert Massenarmut.
Die Politik wünscht sich ein vorinsolvenzliches Restrukturierungsverfahren. Die betroffenen Unternehmen sollen sich ohne Insolvenzverfahren sanieren und mit der Mehrheit der Gläubiger Schuldenmoratorien beschließen können.
"Zombie"-Firmen gibt es spätestens seit Merkel. Verschuldet bis ans Limit, aber durch die niedrigen Zinsen noch ein bisschen am Leben auf der Intensivstation. Die Zombie-Firmen entrichten Steuern, die Beschäftigten sind versichert und zahlen in die Renten-, Kranken- und Arbeitslosenversicherung ein. Und das war es dann auch schon. Kennen wir das nicht ir-

gendwoher? Alle haben „Arbeit", aber niemand etwas zu tun? Es wird kaum produziert, es gibt kaum Erträge und trotzdem Wohlstand für alle? Wie soll das funktionieren? Ganz einfach: Überhaupt nicht. Wie haben gewissermaßen Zustände wie damals in der DDR. Doch wer zahlt die Zeche dafür?

Seit Jahren ist es bekannt, dass es die sogenannten „Zombies" in der Wirtschaft gibt. Das fängt vom Einzelunternehmer an und geht hin bis zu sehr großen Firmen, die sich nur durch billiges Fiat-Geld, also aus dem Nichts geschöpftem Geld, über Wasser halten können. Doch gelegentlich kommt ein Kreditgeber daher und nörgelt. Dann muss eine schnelle Lösung aus dem Hut gezaubert werden. Durch Kampfpreise wird korrekt kalkulierenden Firmen das Leben schwer gemacht, um Umsatz und Aufträge für den nächsten Kreditantrag zu generieren. Das für ein Dumping-Unternehmens kein großer Akt. Der nächste Auftrag kommt bestimmt und die Bank, die Umsatz sieht, hält die Hacken beieinander. Und schon sind alle happy. Oder vielleicht doch nicht? Kein Schneeballsystem hält lange. Die Zündschnur zischt fröhlich vor sich hin und die Bombe wartet bereits gut gelaunt darauf, ihren explosiven Job zu machen.

Hier hilft nur eins: Eine Marktbereinigung muss her, auch wenn das erst einmal Arbeitsplätze kostet. Die könnten dann aber wieder in solide arbeitenden Firmen entstehen. Ein kurzer, bereinigender Effekt wäre besser, als ein die gesamte Wirtschaft erschütternder Big Bang. Aber das würde für Unfrieden sorgen und die Politik in Frage stellen. Und das Risiko geht kein Politiker ein, weil er sonst seinen Platz am Futtertrog einbüßen könnte. Also: The same procedure as every year, Mylady. Und weiter geht's.

Planwirtschaft...wir kommen!

Jeder siebte Beschäftige in Deutschland bezieht mittlerweile sein Einkommen vom Staat. Nicht einmal der DDR ist so etwas gelungen.

Von den offiziell ca. 800.000 unbesetzten Arbeitsplätzen in Deutschland werden nur ca. 150.000 durch Mitarbeiter der Bundesagentur vermittelt und dabei handelt es sich im Regelfall um Fördermaßnahmen. Bei mehr als 100.000 Beschäftigen der Agentur sind das gerade mal anderthalb vermittelte "Kunden" pro Mitarbeiter. Ein Wirtschaftsunternehmen mit solcher "Produktivität" hätte bereits am Gründungstag seine Pforten schließen können.

Und schon haben wir ein grundlegendes Problem am Wickel: In Deutschland werden schon lange keine Probleme mehr gelöst. Sie werden höchstens verwaltet. Es macht ganz den Anschein, als ob sich insbesondere in der Politik niemand dafür zuständig fühlen würde, konjunkturbelebende Maßnahmen durchzuführen, Perspektiven zu schaffen und irgendwie Herr der Missstände zu werden.

Die Wirtschaft beklagt einerseits den Mangel qualifizierter Arbeitsplätze und ist andererseits der Meinung, dass für den Arbeitnehmer Mindestlöhne eigentlich völlig ausreichen dürften, um ein angenehmes Leben zu fristen. Und obwohl ein Heer arbeitsfähiger Unbeschäftigter bereit steht, importiert man Legionen Menschen aus bildungsfernen Ländern. Macht das Sinn? Aus Sicht der Bevölkerung sicherlich nicht. Aus Sicht der Politik schon. Migration ist Big Business. Und ein weiterer Vorteil: Sie sorgt dafür, dass der arbeitende Teil der Bevölkerung einschließlich der Leistungsträger, aus Angst um seinen Arbeitsplatz gefügig ist.

Mein Freund, der Leistungsträger

Stell Dir vor, Dein bester Freund geht in eine Kneipe, säuft sich die Hucke voll und Du musst seinen Deckel bezahlen. Und das jeden Abend, jede Woche, jeden Monat, jedes Jahr.

Dein bester Freund ist Bundes- oder EU-Politiker und Du bist der Empfänger des zu bezahlenden Deckels. Oder auch: Du bist der deutsche Leistungsträger und Nettosteuerzahler, der mehr Steuern zahlt, als er an Leistungen empfängt. Doch von Deiner Sorte sind bei etwa 83 Millionen Menschen in Deutschland gerade einmal noch 18 Millionen vorhanden. Um es noch schlimmer zu machen: Eine viertel Million von Euch, den Leistungsträgern, verlässt jedes Jahr das Land. Und der Rest der Anwesenden, der in diesem Fall eine respektable Mehrheit stellt? Niedriglohnempfänger, Arbeitslose, Rentner, Transferleistungsempfänger, Kinder und ein paar Millionen Migranten (stetig steigend), die nie ihren Beitrag geleistet haben.

Was sagt denn das Bundesinstitut für politische Bildung über unsere neuen Bürger und deren Status?

„Nach Angaben des Statistischen Bundesamtes lag der Anteil der Personen mit Migrationshintergrund an der Gesamtbevölkerung im Jahr 2020 bei 26,7 Prozent. Von den 21,9 Millionen Personen mit Migrationshintergrund waren 52,8 Prozent Deutsche und 47,2 Prozent Ausländer. 62,1 Prozent waren selbst zugewandert, hatten also eigene Migrationserfahrungen, 37,9 Prozent sind als Nachkommen der Zuwanderer in Deutschland geboren.
Nach den Ergebnissen des Mikrozensus 2020 sind Personen mit Migrationshintergrund im Vergleich zur

Bevölkerung ohne Migrationshintergrund geringer qualifiziert und schlechter in den Arbeitsmarkt integriert. Ohne die Personen, die 2020 noch in der Ausbildung oder noch nicht schulpflichtig waren, hatten 11,9 Prozent der Personen mit Migrationshintergrund keinen allgemeinen Schulabschluss und 38,2 Prozent keinen berufsqualifizierenden Abschluss. Bei den Personen ohne Migrationshintergrund lagen die entsprechenden Werte bei lediglich 1,7 bzw. 13,3 Prozent. Insgesamt hatten in Deutschland im Jahr 2020 rund 2,86 Millionen Personen keinen allgemeinen Schulabschluss. Davon hatten 68,7 Prozent einen Migrationshintergrund. An den Personen ohne berufsqualifizierenden Abschluss – insgesamt 12,36 Millionen – hatten die Personen mit Migrationshintergrund mit 47,1 Prozent ebenfalls einen überdurchschnittlich hohen Anteil.

Im Jahr 2020 waren Personen mit Migrationshintergrund mehr als doppelt so häufig erwerbslos wie Personen ohne Migrationshintergrund (6,8 gegenüber 2,8 Prozent aller Erwerbspersonen). Zudem waren Menschen mit Migrationshintergrund häufiger ausschließlich geringfügig beschäftigt (10,8 gegenüber 7,6 Prozent aller Erwerbstätigen). Weiter waren Erwerbstätige mit Migrationshintergrund 2020 fast doppelt so häufig als Arbeiterinnen und Arbeiter tätig wie Erwerbstätige ohne Migrationshintergrund (19,1 gegenüber 11,1 Prozent) – Angestellte (65,4 gegenüber 69,7 Prozent) und Beamte (2,1 gegenüber 6,5 Prozent) waren unter den Erwerbstätigen mit Migrationshintergrund hingegen seltener zu finden.

Unter den Personen mit Migrationshintergrund sind die Ausländer mit eigener Migrationserfahrung auffallend schlecht qualifiziert beziehungsweise in den

Arbeitsmarkt integriert: Ohne die Personen, die 2020 noch in der Ausbildung oder noch nicht schulpflichtig waren, hatte jeder fünfte Ausländer mit eigener Migrationserfahrung keinen allgemeinen Schulabschluss und die Hälfte keinen berufsqualifizierenden Abschluss (19,6 bzw. 50,6 Prozent). Und obwohl die Ausländer mit eigener Migrationserfahrung im Jahr 2020 nur einen Anteil von 10,7 Prozent an der Gesamtbevölkerung hatten, waren 38,0 Prozent der Arbeitslosengeld II-Bezieher (Hartz IV) Ausländer mit eigener Migrationserfahrung. Bei den Beziehern von Sozialhilfe, Grundsicherung oder ähnlichen Leistungen lag der Anteil der Ausländer mit eigener Migrationserfahrung mit 35,8 Prozent ebenfalls sehr hoch. Bezogen auf die Gruppe selbst bestritten 10,1 Prozent der Ausländer mit eigener Migrationserfahrung ihren Lebensunterhalt überwiegend mit Arbeitslosengeld II und 3,0 Prozent mit Sozialhilfe, Grundsicherung oder ähnlichen Leistungen."

Soweit zum Thema „Fachkräfte für die deutsche Wirtschaft". Doch irgendjemand muss den Laden am Laufen halten. Und da haben die Leitungsempfänger eben Pech gehabt. Ebenfalls Pech haben die Niedriglohn-Empfänger, ohne die der Laden schon längst geschlossen wäre. All die Einzelhandelsmitarbeiter, Friseure, Gastro-Bedienstete, Servicekräfte, Taxifahrer, Reinigungs- und Putzkräfte und viele mehr. Deren Armut ist ein elementarer Bestandteil der Umverteilung von unten nach oben. Wer nichts anderes hat, muss seine Haut, sprich Arbeitskraft, verkaufen und hat keine Chance, jemals auf einen grünen Zweig zu kommen. Besonders pikant ist, dass sich gerade Sozialdemokraten und GRÜNE für die Ausbeutung der sogenannten „kleinen Leute" massiv eingesetzt haben und die gesamte Klaviatur der Ausbeutung von Hartz-IV bis hin zur Zeitarbeit und Ein-Euro-Jobs rauf und runter gespielt haben, bis das Blut floss.

Der „Arbeitnehmer" hat mittlerweile einen ähnlichen Status wie der Leibeigene im Mittelalter, der für Kost und Logis schuftete, bis er im Armengrab verscharrt wurde, weil es nicht mal mehr für ein Kistchen gereicht hat. Arm ins Leben, durchs Leben, durchs Alter, ab in die Pflegegruft und dann ins Kistchen.

Wem verdankt die hart arbeitende Bevölkerungsmehrheit diese Perspektive? Es ist die Kumpanei deutscher und ausländischer Berufspolitiker, die in selbst keinen Beitrag zur Produktivität im Lande leisten und sich die Leistungsträger wie auch die Niedriglohnsklaven in produktiven Herden halten, ganz so wie die Ameisen ihre Blattläuse oder ein Schäfer seine Schäfchen. Gleichzeitig gaukelt man den fleißigen Herdentierchen vor, sie könnten durch Wahlen aktiv an der Gestaltung des Landes, der Politik und der Wirtschaft mitwirken.

Die Schafe vertrauen dem Schäfer. Und sie folgen dem Schäferhund. Wenn nicht, dann beißt er ihnen in die Hammelhaxen. Man nimmt ihnen die Wolle, die Milch, lässt sie die Deiche festtreten und das Gras kurz halten, bis ihre Zeit gekommen ist. Dann geht es zur Schlachtbank und danach ab auf den Grill.

Der Arbeitnehmer hat es zumindest in einer Sache besser. Er wird nicht aufgefuttert. Zumindest heutzutage noch nicht, auch, wenn inzwischen bereits Vorschläge dieser Art die Runde machen. Ansonsten sind die Unterschiede übersichtlich und nähern sich weiter an. Mal sehen, was noch so alles auf uns zukommen wird. Blicken wir doch mal auf den Arbeitsmarkt.

Mein Schatz - mein Arbeitsplatz!

Wer arbeiten will, der bekommt laut Politik und Presse auch einen Arbeitsplatz. Doch ist das wirklich so? Bis 2040 verliert Europa geschätzt 12 Millionen Arbeitsplätze nur durch Automatisierung. Maschinen haben für den Wettbewerb Vorteile. Sie meckern nicht, stehen rund um die Uhr zur Verfügung, bekommen keine Lohnfortzahlung im Krankheitsfall und wenn sie mal streiken, dann werden sie repariert oder ausgetauscht. Dazu kommt die voranschreitende Digitalisierung, die ebenfalls Arbeitsplätze in beträchtlichen Größenordnungen ausradieren wird.

Berücksichtigt man noch die Arbeitsplätze, die durch die mit Corona begründeten Lockdowns ausgelöscht wurden, dann steht uns eine Katastrophe ins Haus, die vor niemandem Halt machen wird.

Die Gastronomie wurde flächendeckend in den Ruin getrieben. Der Einzelhandel setzt künftig auf Kassen ohne Personal und automatisierte Regalbefüllung. Ambulantes Gewerbe wie das der Marktstandbetreiber, Stadtfestverkäufer und Flohmarkthändler wurde quasi ausgelöscht. Kunst-, Kultur- und Konzertveranstaltungen gehören weitgehend der Vergangenheit an. Das Baugewerbe liegt in den letzten Zügen, die Baustoffpreise haben sich teilweise vervierfacht. Es ist kein Ende in Sicht.

Gibt es einen Silberstreif am Horizont? Nein. Nach dem Lockdown ist vor dem Lockdown. Die Impfkunden-Kuh beschert zu schöne Gewinne, um sie nicht weiterhin saharamäßig staubtrocken zu melken.

Dazu kommen künftig weitere Restriktionen wie die CO_2-Abgaben, Ausgangs- und Bewegungsbeschränkungen, weil das angeblich gut fürs Klima sein soll,

Fahrverbote, drastische Steuer- und Abgabenerhöhungen, um dem ganzen Mumpitz zu finanzieren, explodierende Kosten für Lebensmittel, Heizung, Strom und Wasser, die Privatisierung von Volkseigentum bis hin zum Zusammenbruch der gesamten Infrastruktur. Das macht Mut, gell? Und trotzdem stellen sich Millionen von Menschen die Frage: Krise? Welche Krise? Die Hälfte aller europäischen Arbeitsplätze ist nicht nur akut gefährdet, sondern steht quasi schon auf der Todesliste. Betroffen sind vornehmlich Industrienationen wie Deutschland, das sich dank Zahlenkosmetik zumindest derzeit noch an erster Stelle befindet. Aber wie lange noch? Die Politik wird weiterhin Unternehmen durch Lockdowns und Auflagen dazu zwingen, immer stärker in Automatisierung zu investieren. Corona ist nur ein Knochen, der dem Medienkonsumenten hingeworden wurde, um einen scheinbar plausiblen Grund für das Desaster zu liefern. Es ist ein Nebelgefecht. Es geht um die Umverteilung von Arm zu Reich und die läuft auf Hochtouren.

Vornehmlich die Arbeitnehmer mit der geringsten Verhandlungsmacht sind am stärksten von der Verdrängung bedroht. Egal ob Kurzarbeiterverträge, die berüchtigten Zero-Hour-Kontrakte in Großbritannien, die keine garantierten Arbeitszeiten vorsehen oder Teilzeitarbeitsplätze mit niedrigen Löhnen wie die Minijobs in Deutschland stehen auf der Todesliste. Am stärksten wird sich der Verlust von europäischen Arbeitsplätzen durch Automatisierung im Groß- und Einzelhandel, im Verkehr, im Hotel- und Gaststättengewerbe sowie im Freizeitsektor bemerkbar machen. Aber das bedeutet Massenarmut. Das kann doch niemand wollen, oder? Doch leider liegt es auf der Hand: Es ist nicht erwünscht, dass es Arbeitnehmern gelingt, aus dem Hamsterrad herauszukommen. Es besteht kein Interesse daran, dass normale Menschen zu Wohlstand oder gar einer gewissen Unabhängigkeit gelangen. Und der, dem es doch gelingt, einen gewissen Standard zu erwerbe, wird spätestens im Alter bei einer Mini-Rente und zu erwartender Pflegebedürftigkeit alles wieder verlieren.

Und da ist es nun, das Altersproblem. Die alternde Bevölkerung Europas ist eine demografische Zeitbombe. Im Jahr 2050 wird es in Europa-5, also Deutschland, Frankreich, UK, Spanien und Italien, 30 Millionen Menschen weniger im erwerbsfähigen Alter als im Jahr 2020 geben. Die wollen versorgt werden. An und für sich sollte diese Aufgabe auf der To-Do-Liste weit oben stehen. Aber Rentner haben keine Lobby und sind anscheinend nicht in der Lage, sich zu organisieren. Pech gehabt. Und somit werden die Renten weiter stagnieren und die Altersarmut steigt.

Was will die Wirtschaft? Dort haben die Produktivitätssteigerung und Remote-Arbeit höchste Priorität. Da kann auf ein paar hundert Millionen Einzelschicksale keine Rücksicht genommen werden. Immerhin zeigt der Vorgang, wie es um die Demokratie bestellt ist. Die Wähler und Steuerzahler haben zwar nichts zu melden, dürfen dafür aber die ganze Zeche bezahlen. Dann mal Prösterchen.

Ein Problem von Menschen ist, dass sie sich damit schwer tun, exponentiell zu denken. Man denkt linear. Doch der Katastrophenzug rollt und nimmt täglich mehr und mehr an Fahrt auf. Alles verändert sich rasant. Arbeitsplätze werden eliminiert. Menschen werden überflüssig. Warenpreise explodieren. Mieten werden unbezahlbar. Aber wir haben ja Geld in Mengen. Das müsste doch alles retten. Oder etwa nicht?

Kreditnehmer in Not

Während die Corona-Krise das Land in ihrem Griff hielt, konnten sich nicht nur viele Unternehmen, sondern auch zahlreiche Privathaushalte nur durch die Aufnahme neuer Kredite über Wasser halten. Diese werden in absehbarer Zeit zum Problem werden. Die Angst unter den Kreditnehmern steigt. Vor allem Haushalte mit niedrigem Einkommen sind betroffen. In einer Umfrage der Schufa gaben die Befragten an, dass sie damit rechneten, dass ihnen die Rückzahlung der Darlehen schwer oder sogar sehr schwer fallen würde. Dabei gilt: Je niedriger das Einkommen, desto höher ist die Furcht, die aufgenommenen Schulden nicht mehr bedienen zu können. Im Februar fürchteten nur ein Drittel der Kreditnehmer um ihre Rückzahlungsfähigkeit. Dass es jetzt bereits die Hälfte ist, stimmt mehr als nachdenklich.

Die Schwierigkeiten haben sich seit Februar noch einmal verschärft. Rund 32 Prozent aller Kreditnehmer gehen aktuell davon aus, dass sie ihre Raten in den kommenden sechs Monaten kürzen oder sogar ganz aussetzen müssen.

Geplante Anschaffungen haben 36 Prozent der Befragten verschoben und bereits jeder Siebte sah sich gezwungen, Freunde oder Verwandte um Geld bitten zu müssen. Gleichzeitig melden die Schuldnerberatungsstellen im ganzen Land einen steigenden Beratungsbedarf, was zu längeren Wartezeiten führt.

Experten fordern deshalb mehr qualifiziertes Personal und eine höhere Anzahl an Beratungsstätten, an die sich die Betroffenen wenden können. Schon vor der Corona-Pandemie sei es nur möglich gewesen, 20 Prozent der Betroffenen zu beraten. Durch Corona hat sich der Beratungsbedarf jedoch noch einmal deutlich erhöht, denn nun sind auch viele Selbständige, Gastronomen und Künstler betroffen.

Unternehmer, die sich überlegen, im Fall einer Rot-Rot-Grünen Regierung (oder schlimmer noch der Ampel) Deutschland zu verlassen, sollten wissen, dass die Wegzugsbesteuerung nach § 6 AStG seit dem 1. Januar 2022 verschärft ist. Und es gibt weitere Pläne, einen Wegzug von Vermögenden zu verhindern.

Viele Vermögende befürchten, dass SPD, Grüne, Gelbe und Linke ihre Ankündigungen zu massiven Steuererhöhungen wahr machen werden. Unternehmer, die mit dem Gedanken spielen, auszuwandern, sollten wissen, dass die schon bisher bestehenden Hürden ab dem 1. Januar 2022 noch viel höher wurden, vor allem bei einem Wegzug in ein anderes EU-Land.

Betroffen von der Wegzugsbesteuerung ist nach bestehender Regelungslage jeder, der innerhalb der letzten 5 Jahre mittel- oder unmittelbar zu mindestens einem Prozent an einer in- oder ausländischen Kapitalgesellschaft (z.B. GmbH, AG) beteiligt war und seit mindestens 10 Jahren in Deutschland unbeschränkt steuerpflichtig ist. Unternehmer, die wegziehen, werden so behandelt, als hätten sie ihre Anteile an der Kapitalgesellschaft verkauft.

Der Staat besteuert also einen angenommenen Gewinn auf den Verkauf von Geschäftsanteilen. Dies gilt unabhängig davon, ob der Unternehmer bzw. Anteilseigner überhaupt einen Verkauf beabsichtigt. Dazu ermittelt das Finanzamt die Differenz aus Buchwert und Verkehrswert der Firma und veranlagt diese als Einkommen. Die Besteuerung erfolgt im Wege des Teileinkünfte-Verfahrens.

Bei einem Unternehmenswert von 1.200.000 € und Anschaffungskosten von 200.000 € ergibt sich ein fiktiver Veräußerungsgewinn von 1.000.000 €. Hiervon unterliegen 60 Prozent, also 600.000 € der Einkommenssteuer und werden mit dem persönlichen Einkommensteuersatz versteuert.

In der Vergangenheit wurde beim Umzug in ein anderes EU/EWR-Land eine Dauerstundung gewährt. Diese Stundung erfolgte zeitlich unbefristet und zinslos. Erst dann, wenn der Unternehmer in ein Nicht-EU-Land zog oder seine Kapitalgesellschaftsanteile tatsächlich verkaufte, wurde die Steuer auch fällig.

Das ist seit dem ersten Januar 2022 aufgrund der Gesetzesänderung anders. Unternehmer, die in ein anderes EU/EWR-Land ziehen, müssen die Steuer sofort zahlen. Es kann lediglich eine Ratenzahlung über sieben Jahre vereinbart werden, aber in diesem Fall wird eine Sicherheitsleistung gefordert. Der Bundesrat hat dieser Neuregelung freudig zugestimmt.

SPD, Grünen und Linken kommt die Neuregelung gelegen, da sie befürchten müssen, dass bei einer Umsetzung ihrer Steuerpläne vermehrt Unternehmer das Land verlassen wollen. Um den Wegzug der ungeliebten, aber offenbar doch nicht ganz überflüssigen Unternehmer zu verhindern, gibt es jedoch weitere Pläne. Das Deutsche Institut für Wirtschaftsforschung (DIW), sozusagen der Thinktank linker Wirtschaftspolitik in Deutschland, hat den Plan für eine einmalige Vermögensabgabe entwickelt. Der perfide Trick: Die Höhe des Vermögens würde nur einmal festgestellt, zum Beispiel zu einem bestimmten Stichtag in der jüngeren Vergangenheit und die zu zahlende Summe einmal festgesetzt. Abgezahlt würde sie dann aber über einen längeren Zeitraum von 15 bis 20 Jahren.

Faktisch könnte das so aussehen: Jemand hat ein Vermögen von 22,5 Millionen Euro. Sollte z.B. ein Freibetrag von 2,5 Mio. gewährt werden, dann würde auf 20 Mio. eine Vermögensabgabe von 20 Prozent (= 4 Mio. Euro) festgesetzt. Diese müsste über 20 Jahre abgezahlt werden, also jährlich 200.000 Euro. Wenn das Vermögen jedoch nach dem Stichtag sinkt, z.B. wegen sinkender Aktien- oder Immobilienwerte, würde das, anders als bei jährlicher Erhebung, die Abgabe von jährlich 200.000 Euro nicht schmälern. Das DIW sieht in der einmaligen Erhebung und gestreckten Zahlung einen Weg, Vermögenden die Möglichkeit zu versperren, sich der Steuer durch Wohnsitzverlagerung zu entziehen: „Es hilft ihnen dann nichts, den Wohnsitz noch ins Ausland zu verlegen, Vermögen zu verschenken oder andere Möglichkeiten der Steuerminimierung zu betreiben", so formulierte es das DIW ganz offenherzig. Sozusagen eine fiskalische Mauer für Reiche, zusätzlich zur schon bestehenden Wegzugsbesteuerung.

Die Grünen fordern zudem, dass die Besteuerung in Deutschland nicht mehr auf Basis der steuerlichen Ansässigkeit erfolgen soll, sondern nach der Staatsangehörigkeit. So ist das schon heute in den USA: Personen mit US-Staatsangehörigkeit oder Greencard sind steuerrechtlich sogenannte US Persons und damit in den USA steuerpflichtig, auch wenn sie schon vor Jahren von dort endgültig weggezogen sind. Das wollen die Grünen auch für Deutschland. Dann würde dem Unternehmer auch ein Wegzug aus Deutschland nicht mehr helfen, er müsste seine Staatsangehörigkeit aufgeben.

Selbstständige in Hartz IV

Die Corona-Pandemie und die Folgen der Wirtschaftspolitik haben nun die Selbstständigen deutlicher erreicht als bis dato angenommen. Die Zahl der Selbstständigen, die in Hartz IV-Programmen aufgenommen sind, hat sich versechsfacht, berichtete die „Welt". Hartz IV als sogenannte Grundsicherung ist die letzte Stufe der Absicherung in Deutschland. Der ehemalige Chef der Bundesanstalt für Arbeit, Detlef Scheele, sah einen deutlichen Corona-Effekt. Die Lage hat sich deutlich verstärkt und wird immer dramatischer. Über 135.000 Selbstständige haben sich demnach gemeldet, um Bedarf auf Grundsicherung anzumelden. An sich wären in dem Zeitraum etwa 22.000 Menschen gekommen, führte der Funktionär dazu aus. Demgegenüber sei die Zahl der abhängig Beschäftigten, die in die Grundsicherung kamen, üblich hoch. 328.000 Menschen wären in diese Maßnahme gelangt, das entspräche dem Erwartungswert. Insgesamt würde sich der Corona-Effekt ganz deutlich zeigen. Allerdings wären es keine allzu hohen Werte. Es ist keinesfalls gesichert, dass keine weiteren harten Lockdown-Maßnahmen mehr vorgenommen werden. In Deutschland rechnen die meisten Experten mit einem Anstieg im Lauf des Herbstes 2022, auch wenn die Impfkampagne bis dato bereits deutlich vorangeschritten ist. Lauterbach wetzt bereits die Messer und spitzt die Kanülen an. Man wittert Geld.

Volkswirte hingegen erwarten zusätzliche wirtschaftliche Belastungen und blicken bangen Auges auf das, was da noch so alles auf uns zukommen wird.

Rente in Deutschland

Die Mehrheitsauffassung in den deutschen Medien scheint davon auszugehen, dass das Sozialsystem in den kommenden Jahrzehnten kollabieren wird. Die Rentenkassen werden leerer, gleichzeitig werden mehr Menschen Ansprüche geltend machen. Sie werden es zumindest versuchen. Der „Spiegel" präsentiert nun die Lösung des Gesamtmetall-Präsidenten Wolf. Der plädiert dafür, die Rente erst mit 70 auszuzahlen und bis zu diesem Lebensalter vollschichtig im Regelbetrieb zu arbeiten.

Demgegenüber zitierte die Tagesschau eine Studie des Deutschen Instituts für Wirtschaftsforschung des Sozialverbandes VdK. Danach lebten Beamte bei einer Lebenserwartung von 87,2 Jahren länger als Arbeiter mit einer Lebenserwartung von 83,1 Jahren.

Die Beamten sind demnach weniger stark im Arbeitsleben belastet als andere Menschen. Arbeiter wären zudem im kürzeren Ruhestand auch durch den Umstand belastet, dass sie weniger Geld bekämen. Der VdK bezeichnet dies als ungerecht. Je nach Schwere der Tätigkeit und der Rentenhöhe solle es einen gestaffelten Eintritt in das Rentenalter geben. Einen festen Eintritt mit 67 Jahren lehne der Verband ab. Die Präsidentin des Verbandes, Verena Bentele, meinte dazu: „Gerade wer in körperlich oder psychisch herausfordernden Berufen arbeitet, schafft es nicht, noch länger zu arbeiten und muss Abschläge in Kauf nehmen. Da lässt sich die Schraube nicht noch fester anziehen."

Und? Eine Lösung in Sicht? Klar. Wir senken die Renten weiter und erhöhen die Lebensarbeitszeit auf 99. Und allen ist geholfen. Eigentlich ganz einfach.

Die Zahl der Rentner, die in Deutschland Einkommensteuer zahlen steigt, denn mit dem von der Regierung Schröder verabschiedeten Alterseinkünftegesetz von 2005 wurde der Wechsel von einer vor- zu einer nachgelagerten Besteuerung vollzogen. Vor 2005 gezahlte Beiträge zur Rentenversicherung unterlagen in voller Höhe der Lohn- und Einkommensteuer.

Dafür waren im Gegenzug die Rentenbezüge im Alter steuerfrei. Diese Regelung wurde mit dem Alterseinkünftegesetz 2005 umgedreht, sodass nun mehr die Renten besteuert und die Beiträge zur Rentenversicherung aus unversteuertem Einkommen gezahlt werden.

Durch diesen Wechsel steigen mit jedem Jahr sowohl die Zahl der Rentner, die letztlich Einkommensteuer bezahlen müssen, als auch das Volumen des Steueraufkommens.

Der größte Teil der gezahlten Renten ist in der Zwischenzeit steuerpflichtig. Immer mehr Hochbetagte müssen elektronisch eine Steuererklärung abgeben. Im vergangenen Jahr stieg zwar die Höhe der gezahlten Renten um 4,1 Prozent oder 13,5 Milliarden Euro, doch von Wohlstand ist bei Durchschnittsrentner keine Spur. Im Gegenteil. Neue Daten der Behörden belegen, dass die Altersarmut in Deutschland offenbar weit verbreitet ist. Nach einem Bericht der „FR" arbeiten derzeit über eine Million Rentnerinnen und Rentner nach Erreichen der sogenannten Altersgrenze notgedrungen weiter. Die Daten stammen nach einer Anfrage der Linken im Bundestag aus der Antwort des Bundesministeriums für Arbeit und Soziales.

Demnach würden über eine Million Menschen im Alter von über 67 Jahren einer Arbeit „nachgehen". Ungefähr 600.000 Betroffene sind danach über 70 Jahre alt. 220.000 seien sogar 75 Jahre alt oder älter.

Der Umstand, dass diese Menschen noch arbeiten, verrät zunächst nichts über die Motive. Denn immerhin würden Experten der Arbeitsmarktforschung Rentnerinnen und Rentnern derzeit einen besseren Gesundheitszustand als je zuvor bescheinigen. Zudem, so die Behauptung, sei die „Motivation", im Rentenalter einer erfüllenden Tätigkeit nachzugehen, in zahlreichen Fällen sehr hoch.

Inwieweit sich die „Erfüllung" messen lässt, dürfte fraglich sein. Daten gibt es zu den wirtschaftlichen Notwendigkeiten laut Fakten aus dem Bundesministerium. Das durchschnittliche Rentenniveau in Deutschland lag 2020 bei 1.192 Euro monatlich. Unterdurchschnittlich lagen dabei gut 15 Millionen Seniorinnen und Senioren mit nur 803 Euro. Dies wiederum ist offenbar schon deshalb zu wenig, weil die Inflationsrate weiter kräftig ansteigt. Das Wohnen dürfte teurer werden, das Heizen unerschwinglich und die Gesundheitsversorgung dort, wo es über die reine Grundversorgung hinausgeht. Im kommenden Winter dürfte sich für viele Senioren die Frage stellen: Essen oder Heizen? DAS ist hier die Frage. Da die Politik dafür gesorgt hat, dass es weder Gas noch Strom geben wird, könnte ein Päckchen Eis drin sein. Der Paritätische Wohlfahrtsverband definiert Menschen als „arm", wenn monatlich weniger als 1.074 Euro für die Ausgaben bereitstünden. Es ist davon auszugehen, dass immer mehr Menschen in Deutschland wegen der Altersarmut zusätzlich malochen müssen. Aber es gibt kaum Jobs. Also ab mit Euch, Ihr ollen Unnützlinge. Geht in den Park und sammelt Flaschen. Aber alle hübsch versteuern, klaro? Und befreit gratis das Grün vom Müll der Generation Greta. Aus Dank. Für Merkel. Und Scholz. Und Habeck.

Die Nahrungsmittelpreise explodieren

Alles wird teurer. Die Teuerung in Deutschland macht auch vor der Landwirtschaft keinen Halt. Wie das Statistische Bundesamt (Destatis) mitteilte, haben sich die Erzeugerpreise landwirtschaftlicher Produkte im Juni 2021 im Vergleich zum Juni 2020 um 6,8 Prozent verteuert. Von 2022 schweigen wir besser.

Aber warum in aller Welt muss das so sein? Ganz einfach: Weil es politisch gesteuert ist. Auch, wenn sich das Weltklima verändert, wenn auch nicht so wie es die Medien verkünden, haben wir nach wie vor gute Ernten. Das wird sich bald ändern, da wir auf eine kleine Eiszeit zusteuern. Das bedeutet geringere Ernten und somit steigend Kosten. Schlimmer sind jedoch die parasitären Finanz-Heuschrecken, die an den Weltbörsen mit Nahrungsmitteln spekulieren und dadurch ihre Kassen füllen und die Bäuche leeren.

Bereits in naher Vergangenheit kam es zu Hungeraufständen, wenn auch nicht in der deutschen Medienlandschaft. Was war geschehen? In Senegal, Nigeria, Somalia und anderen afrikanischen Staaten verdoppelten sich die Preise für Grundnahrungsmittel wie Reis oder Weizenmehl 2007/2008 innerhalb eines Jahres. In dutzenden Städten weltweit, die Mehrheit davon in Afrika, protestierten die Menschen mit Hungeraufständen, Demonstrationen und Streiks gegen den Preisanstieg.

Es kam es zu Plünderungen von Geschäften oder brennenden Straßenbarrikaden. Anders als die Bezeichnungen Hungeraufstände oder Brotrevolten vermuten lassen, geht es nicht nur um hohe Nahrungsmittelpreise. In der mosambikanischen Hauptstadt Maputo entzündeten sich die Proteste beispielsweise am

Preisanstieg im öffentlichen Nahverkehr. Wir sollten uns schon einmal an den Gedanken gewöhnen, dass im wohlhabenden Deutschland bei einem Zusammenbruch der Versorgungsketten mit ähnlichen Vorkommnissen gerechnet werden kann.

Wie in den vergangenen Monaten so war auch im Juni der Preisanstieg vor allem für pflanzliche Produkte zu beobachten. Besonders stark verteuert hat sich das Getreide. Sein Preis erfuhr gegenüber dem Vorjahr eine Preissteigerung von 27,9 Prozent. Im Mai hatte sich das Getreide gegenüber dem Vorjahr „nur" um 26,7 Prozent verteuert.

Die Begründung dafür ist laut Massenmedien die Ukraine. Doch das ist hanebüchener Unsinn. Deutschland ist in seiner Versorgung mit Brotgetreide autark und kauft diesbezüglich nichts in Ukrainistan. Wer ist also schuld? Der fiese Putin oder die deutsche Politik?

Die arbeitet gerade erfolgreich daran, die deutsche Landwirtschaft zu killen. Bereits der Hype um Brachprämien und Bio-Produkte reicht aus, um ihr den Todesstoß zu versetzen. Allein schon für „Bio" benötigt der Landwirt die doppelte Anbaufläche gegenüber „Konventionell". Das Resultat? Die heimischen Flächen verwildern, es entsteht Mangelwirtschaft und im Ausland werden Flächen gerodet, um unter höchst fragwürdigen Bedingungen die in Deutschland dringend benötigten Nahrungsmittel gewinnträchtig herzustellen. Dafür muss dann die Produktion um den halben Erdball transportiert werden, während sich unsere Politiker dafür selbstbeweihräuchern, weil sie ach so umweltfreundlich oder gar klimaneutral haben arbeiten lassen. Es ist alles Illusion.

Einen deutlichen Preisanstieg verzeichneten auch Handelsgewächse wie Zuckerrüben und Raps. Sie verteuerten sich drastisch.

Mittlerweile explodieren die Preise von Fleisch, Gemüse und Gartenprodukten, von Öl ganz zu schweigen. Stark im Preis gestiegen sind die Kosten für Salat. Bei den tierischen Erzeugnissen hat sich vor allem der Milchpreis deutlich erhöht. Und selbst der Preis vom Schweinefleisch geht durch die Decke, obwohl es billiger hergestellt wird als je zuvor. Die Erzeuger gucken in die Röhre, der Handel jubiliert, der Kunde wird ausgeplündert und die Politik steht Schmiere. Was soll man dazu sagen? Dann mal guten Appetit.

Wem verdanken wir diesen ganzen Unfug? Schauen wir mal auf das Jahr 2020. Bundeskanzlerin Angela Merkel machte die Lebensmittelpreise in Deutschland zur Chefsache und empfing gemeinsam mit Bundesagrarministerin Klöckner Vertreter des Lebensmittelhandels und der Ernährungsindustrie im Kanzleramt. Angeblich sollte über Dumpingpreise bei Lebensmitteln und unlautere Handelspraktiken gesprochen werden, wie ein Sprecher des Bundesministeriums für Ernährung und Landwirtschaft bestätigte. Geplant waren ein 90-minütiges Gespräch und ein Eingangsstatement der Kanzlerin für die Medien.

Dumping? Billige Lebensmittel? In Deutschland?

Es gibt sie tatsächlich, die Dumpingpreise bei Lebensmitteln, nur nicht für den Verbraucher. Die deutschen Lebensmittelpreise liegen im EU-Vergleich weit oben. In den Allerwertesten gekniffen sind die Erzeuger, die für ihre Ernten Hungerlöhne bekommen und annehmen müssen, um überhaupt noch mit den Lebensmittelketten zusammenarbeiten zu dürfen.

Gemeinsam haben die vier Konzerne Edeka, Rewe, Aldi und Lidl (Schwarz Gruppe) eine Marktmacht von 85 Prozent inne, wie Daten des Bundeskartellamts zeigen. Das weckt Argwohn auf der Gegenseite: Insbesondere Landwirte wie auch große Lebensmittelproduzenten haben sich wiederholt darüber beklagt, dass ihnen bei Preisverhandlungen aufgrund der schier übermächtigen Größe des Gegenübers häufig die Hände gebunden seien.

Produkte werden zumindest vorübergehend ausgelistet und aus den Regalen entfernt. Milchbauern oder Fleischproduzenten wiederum werden ihre verderbliche Ware nicht los, wenn sie auf die Kaufangebote der Einzelhandelsketten nicht eingehen.

Ähnlich geht es den Landwirten. Es gibt die kurzfristige Stornierung bei verderblichen Lebensmitteln. Es kann passieren, dass ein Handel am Abend bei einem Gemüsebauer 30 Paletten Salatköpfe bestellt und morgens um 4.30 Uhr 15 davon wieder storniert. Darauf bleibt der Landwirt sitzen weil er, wenn er meckert, ausgelistet wird. Es passiert, dass Bauern erst nach mehreren Monaten ihr Geld sehen oder Lieferbedingungen einseitig geändert werden.

Die Händler waschen ihre Hände in Unschuld und die kleinen und mittleren Erzeuger machen von ihrem Recht auf geschäftliches Frühableben Gebrauch. Keine Lobby, Pech gehabt. Was noch alles im Geheimen abgesprochen wurde, lässt sich nur erahnen, wobei die Zustände für sich sprechen. In der Politik geschieht nichts zufällig und die Politiker sind nichts anderes als die Handlanger und Erfüllungsgehilfen von Handel, Banken und Industrie. Noch Fragen? Keine. Was bleibt ist die Ohnmacht. Denn es muss gegessen werden, vorbehaltlich, dass es noch etwas zu Essen gibt.

Und wie sieht es weltweit aus? Die Zahl der Menschen, die extremen Hunger erleiden müssen, steigt deutlich an. Die Anzahl der davon Betroffenen ist um das Sechsfache geklettert. Grund ist eine Überlagerung der Krisen, namentlich der Krisen wegen Kriegen, des Klimawandels sowie Corona und den entsprechenden Maßnahmen.

„Wir erleben derzeit eine Überlagerung von Krisen: Unaufhörliche Konflikte, die wirtschaftlichen Folgen von Covid-19 und eine Klimakrise, die außer Kontrolle gerät", wird Hélène Boetreau zitiert, Referentin für Ernährungssicherheit und Landwirtschaft aus Frankreich.

Weltweit sind 160 Millionen Menschen von der Nahrungsmittelknappheit betroffen. Hauptursache sind vor allem die Konflikte und Kriege. Zwei Drittel derjenigen, die hungern, lebten in Ländern, die sich im Kriegszustand befinden. Ein weiterer Grund sind die extrem gestiegenen Nahrungsmittelpreise und schon kommen wieder die Spekulanten ins Spiel. Es sind dieselben multinationalen Konzerne, die erst die Kriege anzetteln, dann die Waffen liefern und sich zusätzlich auch noch an den permanent steigenden Lebensmittelpreisen eine goldene Nase verdienen.

Dazu kommen die wirtschaftlichen Schocks, die durch die künstlich hochgejubelte Coronahysterie entstanden sind. Sie haben die internationale Logistik und die Nahrungsmittelproduktion gestört. Dadurch sind die Preise für Nahrungsmittel am Weltmarkt explodiert. Und wer hat daran verdient? Die Bilanzen von Blackrock, Gates, Soros, Rockefeller und Rothschild sprechen eine eindeutige Sprache. Das zeigt: Es gibt keine Geheimnisse. Es gibt nur Menschen, die zu faul oder bildungsfern sind, um hinzusehen.

Der Weltrekord in Steuern und Abgaben

Die immensen Kosten der Coronakrise und die größte Neuverschuldung der Staaten, die es je gegeben hat, werden beim aktuellen Aktienboom ganz vergessen. Allein in den Jahren von 2020 bis 2022 hat Deutschland nach Berechnungen des Bundesrechnungshofs Schulden in Höhe von mehr als 450 Milliarden Euro aufnehmen müssen. Das ist mehr als in den 20 Jahren davor zusammen.

Das wird zwangsläufig die Steuerlast massiv erhöhen, obwohl, wie eine Untersuchung der OECD jetzt ergeben hat, Deutschland bereits jetzt schon der traurige Weltmeister bei Steuern und Sozialabgaben ist. In keinem anderen Industrieland der Welt müssen vor allem Singles mit einer Abgabenquote von über 38 Prozent einen solch enormen Teil ihres Einkommens an den Staat bzw. staatliche Institutionen abführen wie bei uns.

Zum Vergleich: Im Nachbarland Schweiz liegt die Abgabenquote nur bei 17 Prozent, in den USA bei 24 Prozent, in Großbritannien bei 23 Prozent und in Chile lediglich bei 7 Prozent. Doch es wird noch viel schlimmer kommen. Die Steuer- und Abgabenlast wird wahrscheinlich noch viel höher ausfallen, wenn uns demnächst die ganze Rechnung präsentiert wird. Das wird den Konsum weiter dämpfen, denn wenn die Nettoeinkommen sinken, dann können die Menschen noch weniger konsumieren und die Wirtschaft wird weiter einbrechen.

Diese Dauerdepression wird auch die Börse nicht mehr ignorieren können. Dann ist schnell Schluss mit dem Börsenzauber der letzten Monate. Fürs Normalbürger heißt das, dass sie Ihr Vermögen sturmfest machen sollten. Es bedeutet, dass sie sich dringend gegen einen neuen Crash absichern und ihr Vermögen vor staatlichen Zugriffen schützen sollten.

Vor allem langfristig ist eine Überschuldung des Staats überhaupt kein gutes Fundament für ein dauerhaftes Wachstum, auf das die Börse ihren Optimismus baut. Ganz im Gegenteil. Das, was wir jetzt an den Finanzmärkten erleben, ähnelt eher der letzten besonders großen Blüte eines Baums, bevor er abstirbt, oder dem letzten hellen Aufflackern einer Kerze kurz vor dem endgültigen Erlöschen, als einem stabilen Wirtschaftstrend. Wachstum auf immer höheren Schulden und immer mehr Notenbankgeldern aufzubauen ist so, als ob ein Privatmann einen pompösen Lebensstil durch die Aufnahme immer neuer Kredite finanziert. Was macht der Staat? Das Übliche. Er wird nach altem Brauch den Weg über drastisch steigende Steuern und Abgaben einschlagen. Unlängst hat der Chef des Deutschen Instituts für Wirtschaftsforschung (DIW), Marcel Fratzscher, massive Steuererhöhungen als unvermeidlich bezeichnet. Nun...wenn es nötig ist? Schließlich müssen wir unsren Wohlstand retten. Doch leider funktioniert es nicht. Ganz im Gegenteil. Am Ende stehen die Pleite und die daraus resultierende Armut. Irgendwann muss alles real bezahlt werden und dann wird sich der Staat erneut das Geld dort beschaffen, wo am meisten zu holen ist, nämlich beim Bürger und Steuerzahler. Aber der kennt das ja schon. Nicht umsonst haben die Deutschen die höchsten Stromkosten, das teuerste Benzin, brutale Mieten und permanent explodierende Lebensmittelkosten. Darf es noch ein bisschen mehr sein? Klar. Mehr geht immer. Und wenn das nicht reicht? Dann kommen die Zwangsabgaben. Wir finden immer einen Weg.

Der Energiekostenweltrekord

Das statistische Bundesamt hat Zahlen spendiert. Laut Pressemitteilung Nr. N 016 vom 29. März 2022 sind die Energiepreise im Februar 2022 gegenüber Vorjahresmonat um 129,5 % für importierte Energie, 68,0 % für im Inland erzeugte Energie und 22,5 % für Energie für Privathaushalte gestiegen.

Besonders starke Preissteigerungen erwischten die Erdgas- und Erdölimporte aus Russland im Januar 2022: Satte 54,2 % gegenüber dem Vorjahresmonat. Die Unsicherheiten auf den Energiemärkten und die angespannte Versorgungslage mit Erdgas haben mit der Begründung des Konflikts zwischen Russland und der Ukraine haben zu hohen Energiepreissteigerungen beigetragen. Die Energiepreise stiegen im Februar 2022 im Vergleich zum Februar 2021 auf allen Wirtschaftsstufen stark an. Wie das Statistische Bundesamt mitteilt, war importierte Energie 129,5 % teurer als im Vorjahresmonat, im Inland erzeugte Energie kostete 68,0 % mehr und Verbraucherinnen und Verbraucher mussten für Haushaltsenergie und Kraftstoffe 22,5 % mehr zahlen als im Februar 2021.

Es ist kein Ende in Sicht. Eigentlich sollte man annehmen, dass deutsche Politiker dafür Sorge tragen sollten, dass die deutsche Wirtschaft lebensfähig ist und über ausreichend Rohstoffe und Energie verfügen müsste. Das Gegenteil ist der Fall.

Ist es Inkompetenz oder Infamie, dass „unsere" Politiker den Karren nicht nur an die Wand, sondern in den Abgrund fahren? Ist es beabsichtigt, dass sich die Bürger des Landes die nicht mehr vorhandenen Eier abfrieren werden? Kann es sein, dass es wirklich erwünscht ist? Anscheinend ja. Die Taten sprechen für sich. Entweder haben wir es mit einer Horde Vollidioten oder mit Verbrechern zu tun. Oder beidem.

Gut, dass der Bürger wie üblich nicht versteht, was passiert. Kein Gas bedeutet nicht nur Eiseskälte im Winter. Es bedeutet, dass kein Kunstdünger hergestellt werden kann, den die Landwirtschaft dringend benötigt. Das wiederum bedeutet Ernteausfälle und in Folge Hunger. Und wer ist dann schuld? Klar, der garstige Putin. Das verkünden zumindest die Medien. Oder waren es vielleicht doch unsere Hochleistungspolitiker wie der duschabstinente Herr Habeck, der Energielos-Minister der Herzen? Oder Chaos-Scholz, der Kanzler der Schmerzen, Mr. Cum-Ex und Dr. Wirecard persönlich, der bereits vor seinem Kanzerjob Milliarden en Gros in den Rachen dubioser Firmen geschaufelt hat und nun versucht, den merkelschen Verschwendungsweltrekord an Steuergeldern noch zu toppen? Oder gar der Impffetischist und Gesundheitskosten-Detonator Lauterbach, dessen unreflektiertes Geschwurbel ein Graus und eine Beleidigung für denkende Menschen ist?

Die deutsche Politik ist am Ende. Das soll wohl so sein. Deutschland wird in einem letzten großen Raubzug ausgeplündert, ermordet, die Haut abgezogen und ausgeweidet. Da stellt sich die Frage: Wovon lebt ein Politiker, nachdem er sein Land ruiniert und aufgelöst hat? Von dem, was er vorher erbeutet hat. Und wenn nichts mehr da ist, was beschlagnahmt werden kann? Ganz einfach: Man nimmt Kredite auf. Der Steuerzahler haftet wie üblich. Und wenn es keine Steuerzahler mehr gibt? Dann ist es endlich vollbracht. Germania delenda est. Dann ist der Jahrhundertplan endlich aufgegangen. Schicht im Schacht und aus die Maus.

Die Schuldenlawine

Der Bundesrechnungshof ist eine relativ unabhängige staatliche Institution, welche nur dem Gesetz und nicht der jeweiligen Regierung unterworfen ist. Er ist sozusagen die unbestechliche Revisionsabteilung der Bundesrepublik. Deshalb sind seine Erkenntnisse eher gering optimistisch durch die Regierung eingefärbt.

Er kommt damit der Realität wahrscheinlich sehr nahe. Der Bundesrechnungshof warnt in einer Studie vor einer auf uns zukommenden Schuldenlawine. Nach den Worten des Rechnungshofpräsidenten Scheller kommt es aktuell zu einer regelrechten Explosion der deutschen Staatsschulden. Der Bund nimmt kurzfristig über 450 Milliarden Euro an Krediten auf. Damit wird fast die Hälfte der gesamten Schulden gemacht, die er in den ganzen 70 Jahren zuvor angehäuft hat.

In nur drei Haushaltsjahren hat der deutsche Staat damit mehr Kredite aufgenommen als in den letzten 20 Jahren zuvor. Seit Beginn der Coronakrise handelt die Regierung nach dem Prinzip „viel hilft viel" und verschuldet sich immer weiter. Auch für die Jahre 2023 bis 2025 tun sich nach Angaben des Bundesrechnungshofs erhebliche Lücken auf.

Bereits 2021 verschuldete sich Deutschland um über 240 Milliarden Euro Wie fatal die Lage ist, wird auch daran deutlich, dass bereits im ersten Quartal 2021 ein Nachtragshaushalt verabschiedet werden musste. Der Bundeshaushalt stand und steht auf tönernen Füßen. Mit dem Rekordwert von 240 Milliarden Euro alleine für das Jahr 2021 mussten somit ganze 60 Milliarden Euro mehr aufgenommen werden, als noch im Vorjahr geplant war.

Der Bundeshaushalt ist nach aktueller Einschätzung des Rechnungshofes in einem deutlich schlechteren Zustand als nach der Finanzkrise 2008. Anders als damals könne die Regierung logischerweise nicht mehr darauf hoffen, dass fallende Zinsen einen zusätzlichen Handlungsspielraum schaffen, um aus der Krise herauszuwachsen. Auch der Einbruch der Steuereinnahmen erreiche historische Dimensionen.

Während der Staat sich vor der Coronakrise zu 95 Prozent aus Steuern finanzieren konnte, ging das im Jahr 2021 nur noch zu 52 Prozent. Der Bundesrechnungshof sieht deshalb auch in Zukunft den Staat vor gewaltigen fiskalpolitischen Herausforderungen.

Man sieht an den Äußerungen des Präsidenten des Bundesrechnungshofs, dass sich Deutschland keinesfalls in einem wirtschaftlichen Boom befindet, wie das in Bezug auf Länder wie die USA und China immer wieder in den Medien behauptet wird. Im Gegenteil. Der Staat galoppiert in eine gewaltige Schuldenfalle hinein, aus der es kein Entkommen mehr geben wird. Nach der nächsten Crash-Welle folgt eine Schuldenkrise. Dann wird auch die Bonität von Deutschland an den internationalen Finanzmärkten dramatisch sinken. Damit werden die Zinsen für die Schulden steigen und der Staatsbankrott steht vor der Tür.

Der Staat wird darauf mit extremen Steuererhöhungen, vor allem in Form von Vermögensabgaben, reagieren, um die Schuldenlast noch finanzieren zu können. Da Ruhe die erste Bürgerpflicht ist, wird dieses Thema von den politischen Parteien tunlichst nicht angesprochen.

Leider wird die gesamte Irrwitz-Wahrheit nirgendwo verkündet. Laut Schuldenuhr ist Deutschland nur mit 2,300 Milliarden in den Miesen. Niemand redet über die Beamtenpensionen, Target-II-Verpflichtungen, die EU-Rettung und anderen Lästigkeiten, weil wir dann bereits über 10 Billionen Euro Miese vor uns herschieben. Kurzum: Wir leben nur noch durch Kredite. Die Politik bleibt standhaft und schweigt. Wir können aber sicher sein, dass der Bundesregierung vor diesem Hintergrund nichts anderes übrigbleiben wird, als drastische Steuererhöhungen in die Wege zu leiten.

Genau darauf sollte man sich vorbereiten, um dem unersättlichen Staat möglichst keine Angriffsfläche bieten. Die einfachste Möglichkeit für ihn, um Einnahmen zu generieren, bieten in diesem Zusammenhang Immobilien, da diese weder versteckt, noch ins Ausland transferiert werden können. Vielmehr sind sie über das Grundbuch dem staatlichen Zugriff schutzlos ausgeliefert.

Blicken wir auf die nähere Vergangenheit. In der SPD wurde unter der unbeklagten Andrea Nahles das Thema Lastenausgleich, sprich die Teilenteignung der Immobilienbesitzer, immer wieder gern thematisiert. In der EU forderte Christine Lagarde Vermögensabgaben für alle. Das EU-Vermögensregister ging in die Planungsgespräche. Und dann tauchte plötzlich Klaus Schwab mit dem WEF in den Medien auf und prognostizierte die Abschaffung aller Besitztümer bis zum Jahr 2030. Ein alter chinesischer Fluch besagt: „Mögest Du in interessanten Zeiten leben". Und die Zeiten sind, was die Perspektiven für den Normalbürger angeht, niemals interessanter gewesen. Nur eben nicht zum Guten.

Schauen wir einfach mal auf das internationale Finanzsystem, an dessen Tropf wir alle als Blutspender und somit auf der definitiv falschen Seite hängen und langsam ausbluten.

Das EU-Vermögensregister

Es ist bekannt, dass die EU an einem Vermögensregister der Bürger arbeitet. Dies gilt bei Kritikern als ein bedeutender Schritt in Richtung der Totalüberwachung, da sämtliche Vermögensvorgänge direkt protokolliert werden. Die Medien nun berichteten endlich darüber.

Plötzlich heißt es: „Das Spannungsverhältnis zwischen Freiheit und Sicherheit würde sich so noch ein Stück zugunsten der Sicherheit des endlich gläsernen Bürgers verschieben."

Das Projekt stünde aber erst am Anfang. Es sei nicht ungewöhnlich, dass es „nur auf den ersten Blick beunruhigende Studienaufträge" gäbe, die wie hier auch nichts über die Machbarkeit aussagten. Eine Studie des Bundestages trägt jedoch den Titel „Welt ohne Bargeld". Angeblich habe sich aber herausgestellt, dass die Studie gar nicht mit der Intention verfasst worden sei, um bargeldlos zu leben. Einfluss auf politische Entscheidungsträger habe sie nicht.

Auf den Punkt gebracht: Das Thema Vermögensregister ist inzwischen in breiteren Medien angekommen. Sollte die EU hier recht geräuschlos ein solches Thema behandeln wollen, ist diese Chance zunächst vorbei. Der Kern der Kritik, die totale Überwachung, bleibt. Und die allumfassende Überwachung, der gläsernen Untertan, ist Politikers liebstes Kind.

Und der mündige Bürger? Trotz Presse hat er davon nichts mitbekommen. Er sitzt im Fernsehsesselchen, glotzt je nach Geschlecht Frauentausch, Shoppingqueen oder Fußball. Solange es genug Schokolade, Bier, Chips und Kippen gibt, wird sich nichts ändern. Konsumenten handeln nicht. Sie kaufen „nur".

Das bedeutet, dass bisher kein ausreichender Handlungsdruck entstanden ist. Es ist noch genug Geld beim Bürger vorhanden. Doch das darf nicht sein. Daher werden die Weichen für EU-weite Enteignungsaktionen gestellt. Die EU-Kommission prüft derzeit Möglichkeiten der „Erhebung von Informationen zur Einrichtung eines Vermögensregisters", welches „in eine künftige politische Initiative" einfließen kann. So steht es wortwörtlich in einer Ausschreibung der Kommission (Nr. 2021/S 136-358265), die den Titel „Machbarkeitsstudie für ein Europäisches Vermögensregister in Hinblick auf die Bekämpfung von Geldwäsche und Steuerhinterziehung" trägt. Das kann ja heiter werden.

Unter dem Deckmäntelchen dieser beiden vorgeblichen Ziele, nämlich der Bekämpfung der Schattenwirtschaft sowie von Steuersündern, liefen alle anderen bisherigen Bestrebungen ähnlicher Art: Etwa, die Geldflüsse von Firmen und Privatpersonen völlig gläsern zu machen, das Steuergeheimnis zu beseitigen und den Besitz von Bürgern und Unternehmen bis zum letzten Hosenknopf zu erfassen. Auch die sukzessive Abschaffung des Bargelds ist in diesem höheren Zusammenhang zu sehen. Denn egal wofür Marktteilnehmer oder Konsumenten Geld ausgeben, ihr Erspartes oder ihr Vermögen einsetzen: Ein zunehmend omnipräsenter Wächterstaat will alles wissen. Nichts darf mehr vor ihm verborgen bleiben. Weder die Tüte Pommes im Schwimmbad, deren bargeldlose Sofortabbuchung per staatlich lizensierter Funkkasse in Echtzeit dem Finanzamt gemeldet wird, noch ein Goldkauf, der dann im Feinunzen- und Grammbereich gemeldet werden muss.

Dank der durch die Corona-Krise verschärften Haushaltslage der EU-Staaten wird nun offenbar eine nochmals härtere Gangart eingelegt. Durch Nullzinspolitik und Anleihen-Ankaufsirrsinn entstandene Vermögensverschiebungen und eine immer unverantwortlichere Vergrößerung der Geldmenge machen die nächste Inflation inklusive Finanzcrash nur zu einer Frage der Zeit. Und bevor alles zusammenbricht, wollen die modernen Raubritter in Gestalt der europäischen Finanzbehörden unbedingt Inventur machen und wissen, bei wem wie viel abzugreifen ist. Denn dass es zu „Vermögensabgaben" als unvermeidliche Folge des schon heute realisierten Schulden-Sozialismus kommen muss, bezweifelt inzwischen fast niemand mehr.

Die eigenen coronabedingt hochgeschossenen Staatsschulden sowie die die Target-2-Salden mit ihren Billionenrisiken vor allem für Deutschland werden letztlich nur durch faktische Enteignungen aufgefangen werden können. Daher sind Vermögensabgaben im Schulden-Sozialismus unumgänglich.

Das sind die wahren Hintergründe und Zusammenhänge für die EU-Pläne eines Vermögensregisters. So, wie sich traditionelle Diebesbanden bei ihren auserkorenen Opfern in den Ziel- und Aktionsgebieten vorab genau informieren und durch dereinst durch Gaunerzeichen oder auch Zinken gegenseitig wissen lassen, bei wem genau wie viel abzugreifen ist und wo sich der Zugriff lohnt, so will nun auch die Kommission „alle Informationen über verschiedene Quellen des Vermögenseigentums" verknüpfen, sogar bis hin zu Assets wie Kunstwerken und Gold.

Die Luft wird dünn und der Kragen eng. Denn da geht noch mehr. Viel Mehr.

Die Vermögensabgabe

Geht es nach den „Linken", so werden die Schulden in Deutschland künftig zum Teil mit einer Vermögensabgabe finanziert. Das geht aus einem Bericht des Handelsblatts hervor. Das Finanzministerium prüft diesen Vorschlag. Wäre da nur nicht der Beirat. Der Wissenschaftliche Beirat hält einen solchen Lastenausgleich für ein „steueradministratives Monster".

Demnach enthalte der Vorschlag Elemente des Lastenausgleichs, der nach dem Zweiten Weltkrieg in Deutschland bereits einmal eingeführt worden war. Im Juni 1948, am Tag nach der Einführung der D-Mark, wurde er in den drei westlichen Besatzungszonen berechnet. Die Abgabe belief sich auf 50 % des berechneten Vermögenswertes und konnte in bis zu 120 vierteljährlichen Raten, also verteilt auf 30 Jahre, in den Ausgleichsfonds eingezahlt werden.

Ein solcher Lastenausgleich würde, so wie damals, in erster Linie die Immobilien-Eigentümer treffen, da deren Vermögen im wahrsten Sinne des Wortes immobil, also unbeweglich sind.

Sowohl die „Linke" wie auch die SPD-Mitvorsitzende Saskia Esken sind der Idee gegenüber nicht abgeneigt. Der Wissenschaftliche Beirat spricht bei einer einmaligen Abgabe von einer „teilweisen Vermögensenteignung". Zu dieser Erkenntnis gehört allerdings keine große wissenschaftliche Ausbildung.

Kommt sie oder kommt sie am Ende nicht? Diese Frage werden sich viele Deutsche vor allem dann stellen, wenn sie über recht hohe Ersparnisse verfügen. In ihrem Blick ist dabei die von verschiedenen Seiten geforderte Wiedereinführung einer Abgabe auf höhere Vermögen.

Es gab sie schon einmal, die Vermögenssteuer. Allerdings wurde sie Ende der 1990er Jahre unter anderem deshalb abgeschafft, weil ihre Eintreibung den Staat mehr Geld gekostet hat, als gleichzeitig durch die Steuer eingenommen wurde. Jahr für Jahr blieb unter dem Strich ein Minus im Bereich von 300 Millionen Euro. Sollte es zu einer Wiedereinführung der Vermögensteuer kommen und sich ihre Eintreibung ähnlich aufwendig darstellen wie Ende der 1990er Jahre, darf bezweifelt werden, ob am Ende tatsächlich Einnahmen zur Verfügung stehen, die in Zukunftsinvestitionen fließen können.

In der aktuellen Diskussion sprechen sich trotzdem die SPD, die Grünen und die Linke für eine Wiedereinführung der Vermögensteuer aus. Nach dem guten, alten Prinzip „Gar selig ist der Sozialist, wenn jemand zu enteignen ist" wetzt man freudig die Schlachtmesser. Letztendlich ist es nur eine Frage der Zeit und der Höhe der Messlatte, die von der Politik und den dahinterstehenden Strippenziehern festgelegt wird. Wo ein Wille, da ein Weg. Schließlich kann auf Einzelschicksale, selbst wenn es sich um Millionen davon handelt, keine Rücksicht genommen werden.

Anbei ein alter Treppenwitz der Geschichte: Wie kann man unter einer sozialistischen Regierung ein kleines Vermögen machen? Ganz einfach: Man muss vorher ein großes Vermögen besessen haben.

Aber im Gegensatz zum Kommunismus von Anno Tobak bluten heutzutage auch die Kleinsten aus. Doch sie sind nicht allein: Inzwischen mussten das auch die neuen Melkkühe der Nation, die kleinen und mittleren Selbständigen, feststellen.

Zeigt her Eure Kröten

Das schon mehrfach erwähnte EU-Vermögensregister wirft seine Schatten voraus. Die gute Nachricht zuerst: Wer nichts hat, hat zumindest monetär nichts mehr zu verlieren. Auf der Strecke bleiben also die eh nur illusorischen Grundrechte, persönliche Freiheit, individuelle Ernährung, Kleidung fernab vom Mao-Look, eventuelle Demokratie oder gar eigene Ansichten. Immer öfter stellt sich die Frage, ob man den unproduktiven Teil der Bevölkerung nicht besser ganz abschafft. Mit etwas Glück bekommen die Verbleibenden dann doch noch mal die eine oder andere Portion Fleisch auf den Teller oder ein Organ spendiert. Wir wollen es nicht generell ausschließen. Doch so weit sind wir noch nicht. Erst mal muss, wenn es nach der Politik und den Eliten geht, das Vermögen irreversibel umverteilt werden. Die Abschaffung des Bargelds macht es erheblich einfacher. Man kann sich lustig durch alle Konten pfänden. Egal, ob Aktien, Investmentfonds, Sparkonten, Girokonten, Bausparverträge, Lebens- und Rentenversicherungen oder der Inhalt von Schließfächern: Alles, was bekannt ist, kommt unter den Hammer. Die Sparkonten sind ja, Schäuble sei Dank, schon längst verfrühstückt.

Dann wären da noch die Immobilien. Aber die kann man doch nicht einfach wegnehmen, oder? Nun...man kann. Lastenausgleichsgesetze, Zwangshypotheken und immer druff. Und, wenn später mal alles abbezahlt ist, dann fängt man wieder von vorne an. Bis dahin haben die Deppen eh vergessen, dass es so etwas bereits mehrfach gegeben hat. Dann also: Da capo. Und nicht meckern. Zahlen.

Immobilien und Zwangsabgaben

Fast 60 Prozent des ganzen Volksvermögens ist in Deutschland in Form von Immobilien angelegt. Reines Geldvermögen macht lediglich etwa 25 Prozent aus. Gleichzeitig haben nur gut 40 Prozent der Deutschen überhaupt Wohneigentum. Dafür hat der Staat über das Grundbuch direkten Zugriff auf die Immobilien, die leider weder versteckt noch ins Ausland transferiert werden können. Mit anderen Worten: Immobilien liegen regelrecht auf dem Präsentierteller für die Politik, um daraus Abgaben zu generieren.

Darüber hinaus hatten wir in Deutschland bereits in der Vergangenheit mehrfach staatlich verordnete Abgaben, die hauptsächlich aus dem Immobilienvermögen gespeist wurden. Das erste Mal war das so nach der Hyperinflation 1923. Dann kam nach dem Zweiten Weltkrieg der sogenannte Lastenausgleich. Für die Berechnung der Abgabenhöhe wurde entsprechend dem Lastenausgleichsgesetz von 1952 das Vermögen des Abgabepflichtigen mit Stand vom 21. Juni 1948, dem Tag nach Einführung der D-Mark, in den drei westlichen Besatzungszonen, herangezogen. Sie belief sich auf immerhin 50 Prozent des festgestellten Vermögenswerts.

Die Abgabe konnte in bis zu 120 vierteljährlichen Raten, also auf 30 Jahre verteilt, in den eigens dafür geschaffenen Ausgleichsfonds eingezahlt werden. Da der Großteil der Vermögen auch damals bereits aus Immobilien bestand, entfiel auf sie die Hauptlast der zu leistenden Sondersteuer. Vor diesem Hintergrund spricht einiges dafür, ein vergleichbares Modell erneut zur Finanzierung der durch die unsinnige Politik verursachten gewaltigen Coronakosten zu nutzen, zumal die administrativen Strukturen dafür immer noch vorhanden sind. Es könnte vor allem die Kapitalanleger, die in Immobilien investiert sind, betreffen. Mit etwas Glück könnte das Eigenheim außen vorbleiben. Aber man weiß es nicht. Wenn Abgaben auf Immobilien kommen, werden diese wahrscheinlich sehr schnell im Preis fallen oder völlig unverkäuflich werden, weil dann nur noch wenige Investoren das Risiko einer möglichen erneuten Zwangsabgabe tragen wollen. Deshalb werden Immobilien im Umfeld einer immer größeren Überschuldung des Staats zu einem steigenden Risiko für Anleger und in Folge für die Mieter.

Es ist wie immer: Die Politik richtet Schaden an und die Bürger müssen es wieder richten. Anscheinend ist das Volk einfach zu dämlich, sich in seiner Rolle als Arbeitgeber verantwortlich zu benehmen und die unfähigen Mitarbeiter im hohen Bogen aus dem Unternehmen „Staat" zu schmeißen. Die Coronakrise hat hohe Kosten für Unternehmen und Verbraucher verursacht. Wer Häuser und Wohnungen besitzt, kam bisher glimpflich davon. Doch das soll so nicht bleiben. Gut 100 Jahre ist es her, dass das industrialisierte Deutschland seine erste große wirtschaftliche Krise erlebte. Auf die Kriegsjahre folgte die Hyperinflation, die zu massiven wirtschaftlichen Verwerfungen führte. Damals gab es allerdings auch Krisengewinner: Eigentümerinnen und Eigentümer von Grund und Boden profitierten von der Wertstabilität der Immobilien und der gleichzeitigen Entwertung der aufgenommenen Schulden. Mit Einführung der Reichsmark und der Umrechnung aller Guthaben und Kredite von der Papiermark zur Reichsmark bei einem Kurs von eins zu einer Billion lösten sich die Verbindlichkeiten einfach in Luft auf. Schuldenfrei durch Räuberei.

Inflation

In der Diskussion um die Entwicklung der Inflations-
raten verweisen die Notenbanker der Europäischen
Zentralbank gerne darauf, dass die aktuell recht hohe
Teuerung nur ein vorübergehendes Problem sei. Begründet wird diese Ansicht mit den besonders stark
gestiegenen Energiepreisen. In diesem Teilsegment
der Inflationsberechnungen wirkt sich der Basiseffekt
ausgesprochen nachteilig aus.

Im Corona-Jahr 2020 sank die Nachfrage nach Energie sehr stark und mit ihr stürzten auch die Preise ab.
Ausgehend von diesem ungewöhnlich tiefen Preisni-
veau bedeuten die heutigen Preise extreme Anstiege.
Dies bestätigen auch die Statistiken des Statistischen
Bundesamts. Es hatte die vorläufigen Zahlen zur In-
flationsentwicklung angegeben.

Der Gesamtindex aller Waren und Dienstleistungen
hat sich in Deutschland nach diesen Berechnungen
drastisch verteuert. Damit setzte sich der Trend zu
höheren Inflationszahlen fort.

Dienstleistungen verteuerten sich zwar auch, aber nur
unterdurchschnittlich. Auch der wichtige Kostenblock
Wohnungsmiete, verhielt sich auffällig niedrig. Doch
hier gilt es zu berücksichtigen, dass jahrelang Goldgräberstimmung auf dem Wohnungsmarkt herrschte
und sich die Vermieter gut die Taschen gefüllt haben.

Den entscheidenden Schub für die Inflation brachten
die stark gestiegenen Preise für Nahrungsmittel und
die im Vergleich zum Vorjahr extrem verteuerten
Energiekosten.

Auch wenn die Argumentation der Notenbanken nicht
falsch ist, so blendet sie doch einen wesentlichen Aspekt aus: Die Preise für Nahrungsmittel und Energie

sind zwei Kostenblöcke, denen der Verbraucher kaum aus dem Weg gehen kann. Die hohen Preisaufschläge sind zu zahlen, ganz egal ob man will oder nicht. Es ist ein Hohn, wenn sich der Preis für Butter verdoppelt oder für Gas ver-x-facht hat, aber die Politik von einstelligen Inflationssteigerungen spricht.

Sollte die Preisaufschläge im nächsten Jahr, wie von der Europäischen Zentralbank erhofft, geringer ausfallen als in diesem Jahr, so ändert das nichts an der Tatsache, dass auch dann die permanent gestiegenen Nahrungsmittel- und Energiepreise von den Verbrauchern gezahlt werden müssen.

Gespart werden kann an dieser Stelle nur begrenzt, denn ob der nächste Winter kälter oder wärmer als seine Vorläufer werden wird, hat der Verbraucher nicht in der Hand. Er muss die Dinge nehmen, wie sie kommen. Da die Tarifabschlüsse des laufenden Jahres deutlich unter der aktuellen Inflationsrate liegen, ergibt sich für viele Haushalte ein deutlicher Kaufkraft- ergo Wohlstandsverlust.

Dieser Aspekt wird in den Ausführungen der Notenbanker der EZB nicht nur beständig verdrängt. Er wird durch die aktuelle Geldpolitik zusätzlich auch noch verschärft, denn dank der Negativzinspolitik der Europäischen Zentralbank werden auch die in der Vergangenheit gebildeten Ersparnisse mit Blick auf die Kaufkraft massiv entwertet.

Wie sieht es langfristig betrachtet aus?

Vor 50 Jahren vollzog der damalige US-Präsident Richard Nixon (Watergate-Affäre) einen wegweisenden Schritt. Er löste den US-Dollar von seiner festen Bindung an das Gold und beendete damit das System fester Wechselkurse, das 1944 auf der Konferenz von Bretton Woods beschlossen worden war.

Richard Nixon war nicht der Schuldige an dieser Misere. Ihm blieb es allerdings vorbehalten, den finalen Schlussstrich unter ein System zu ziehen, das längst gescheitert war, weil man es durch das übermäßige Drucken von neuem Geld in den Jahren zuvor systematisch destabilisiert hatte.

„Ein Dollar wird auch morgen noch genauso viel wert sein!", hatte der US-Präsident sein Volk im August 1971 beruhigt. Auf Politikerversprechen sollte man lieber nicht zu viel geben. Nun gut. Ein Dollar von 1971 ist auch heute noch ein Dollar. Nur wert ist er nichts. Ein Blick auf die Kaufkraft des Dollars ergibt ein ernüchterndes Bild. Verglichen mit echtem Geld, beispielsweise dem Gold, hat der US-Dollar des Jahres 1971 heute nur noch die bescheidene Kaufkraft von einem Cent. Die amerikanische Währung hat also in nur 50 Jahren 99 Prozent ihres Wertes verloren.

Das letzte Prozent wird auch noch folgen und dafür werden keine weiteren 50 Jahre nötig sein. Daran arbeiten die verschiedenen Chefs der US-Notenbank seit Jahren mit Hochdruck, denn seit der Finanzkrise des Jahres 2008 wächst die US-Geldmenge exponentiell. Da niemand da ist, den Unfug zu beenden, geht es immer so weiter bis zum bitteren Ende. Aber hatten wir nicht neulich noch eine Deflation befürchtet?

Wirtschaftlich sind Inflation und Deflation zwei ähnlich gefährliche Situationen, in denen das feine Gleichgewicht innerhalb einer Wirtschaftsgemeinschaft empfindlich gestört ist. Im Fall der Deflation wird nicht gekauft, weil man davon ausgeht, dass man ein angebotenes Gut in wenigen Tagen, Wochen oder Monaten deutlich günstiger erwerben kann und im anderen Fall, der Inflation, wird lieber heute als morgen gekauft, weil es dann noch teurer wird.

Schädlich sind beide Situationen, weil sie über Firmenpleiten, Arbeitslosigkeit und finanzielle Not eine Menge Leid und Elend bis in die letzte Familie bringen können. Dafür zu sorgen, dass weder das eine noch das andere Übel eine Gesellschaft heimsucht und schädigt, ist damit ein sinnvolles Anliegen.

Welches ist das größere Übel? Muss die Deflation stärker bekämpft werden als die Inflation oder ist Letztere die gefährlichere volkswirtschaftliche Krankheit? Im Grunde können wir weder das eine noch das andere Übel wollen. Das wäre die Auswahl zwischen Pest und Cholera.

Die Notenbanken haben sich in den vergangenen Jahren festgelegt und die Deflation als das mit Abstand größere Übel benannt. So wurde die Deflation jahrelang wirkungslos mit Unmengen an neugeschaffenem Geld bekämpft. Japan steckte über 20 Jahre in der Deflation und kam nicht heraus, obwohl die Druckerpressen Tag und Nacht auf Hochtouren liefen.

Doch dann war es endlich geschafft und die Deflation besiegt. Jeder Sieg hat bekanntlich seinen Preis und der ist nun in Form einer beängstigend steigenden Inflation zu zahlen. Die Inflation kommt nicht als Fluch oder als ein tragisches Geschick über uns. Sie wird immer durch eine leichtfertige oder sogar verbrecherische Politik hervorgerufen. So sagte es zumindest dereinst Ludwig Erhard. Aber das ist lange her. Und mit Geschichte haben es die Deutschen nicht. Die ist langweilig und uncool. Wozu aus der Vergangenheit lernen? Wissen sollten es zumindest die Rentner, denn die sind lange genug dabei. Jedoch weit gefehlt. Von der Weisheit des Alters und einem Handlungsdruck dank Erkenntnis ist weit und breit keine Spur. Das beweist ein Blick auf die Renten.

Die Banken und die Zombie-Apocalypse

Zombies? Wieso Zombies? Die gibt es doch nur im Film. Irgendwo in Hollywood. Untote, die umherspazieren und alles beißen, was nicht schnell genug auf die Bäume gekommen ist. Was in aller Welt haben ausgerechnet Banken mit Zombies zu tun?

Ganz einfach: Bei den fiesen, kleinen Stinkeleichen handelt es sich um Firmen, die so desolat aufgestellt sind, dass sie eigentlich gar nicht mehr existieren dürften. Und die Banken? Die wollten einfach nur Geld verdienen. Egal wie und womit.

Ein Beispiel: Irgendeine Bank gibt einem Unternehmen einen Kredit. Die Bank möchte diesen Kredit gerne wie besprochen getilgt haben. Die Zombie-Firma kann diesem aber nicht nachkommen, weil die Gewinne nicht hoch genug sind. Da die Bank selbst finanziell nicht gesund ist, kann sie es sich nicht leisten, den Kredit abzuschreiben. So einigen sich die Bank und der Schuldner darauf, dass der Schuldner zumindest weiterhin brav seine Schulden bezahlt, anstatt den Kredit zeitnah zu tilgen. Die Bank erhält weiterhin Gewinne in Form von Zinsen und erweckt den Anschein, sie sei finanziell gesund. Beide Seiten können dadurch am Leben bleiben. Eigentlich ganz einfach. Oder doch nicht?

Ganz so einfach ist es nicht. Nehmen wir mal einen Zombie unter die Lupe und fragen uns, wie es kommen konnte, dass er überhaupt zombifiziert wurde. Wie wird ein Unternehmen zu einem Zombie?

Nährboden für Zombie-Unternehmen sind niedrige Zinsen. Denn sind die Zinsen niedrig, können Unternehmen operative Engpässe, Versäumnisse oder andere Probleme einfach durch Kredite ausgleichen. Je niedriger die Zinsen, desto leichter können Unternehmen zu Zombies werden, anstatt insolvent zu gehen. Neben günstigen Krediten sind es auch staatliche Hilfsprogramme, die eine Zombifizierung von Unternehmen begünstigen. Die sogenannten Corona-Hilfen aus Steuergeldern halfen manchen Unternehmen vor eben der Schieflage, durch die sie erst durch die Corona-Maßnahmen der Regierung gebracht worden waren. Dazu gesellten sich die Firmen, die zu normalen Zeiten unter Umständen sowieso Pleite gegangen wären. Insolvenzen wurden also nur aufgeschoben. Die Politik kam auf die tolle Idee, die Pflicht zur Insolvenzmeldung temporär abzuschaffen. Und schon baute sich der Zombie-Tsunami weiter auf.

Die Unternehmensberatung Kearney untersuchte im Jahr 2021 international Unternehmen auf Zombie-Merkmale. Dabei wurden 67.000 börsennotierte Firmen, also beinahe alle weltweiten börsennotierten Unternehmen, anhand der oben genannten Zombie-Definition der OECD ausgewertet.

Der Studie zufolge hat sich die Zahl der Zombie-Unternehmen seit dem Jahr 2010 verdreifacht. Einen besonders hohen Anstieg an Zombie-Unternehmen gab es durch die politischen Restriktionen während Corona. Beides steht im Einklang mit den genannten Faktoren, die eine Zombifizierung begünstigen.

Ungefähr 70% aller Zombie-Firmen sind der Studie zufolge "Bestandszombies", die sich durch staatliche Hilfsprogramme und Niedrigzinsen sehr lange am Schein-Leben halten könnten. Besonders gefährdet, zu einem Zombie zu werden, sind vor allem kleine oder mittelständische Unternehmen mit einem Jahresumsatz von weniger als 500 Mio. US-Dollar.

In Deutschland wird der Anteil an Zombie-Firmen mit ihren Anhängen, sprich Zombies in spe, mittlerweile auf bis zu 20 Prozent geschätzt. Gesetzt den Fall, der Markt wird von diesen Leichen befreit, sprich bereinigt, bedeutet das eine Kettenreaktion. Zulieferbetriebe, Dienstleister, und alle anderen, die von den Zahlungen und Lieferungen der Zombies abhängig sind, schauen nicht nur in die Röhre, sondern folgen genau den Zombies, die sie gebissen und infiziert haben, ins müffelnde Grab. An diesen Firmen hängen weitere Firmen und so weiter. Und daran hängen die Banken mit ihren Forderungen. Doch das ist immer noch nicht alles. Die Belegschaften der betroffenen Firmen erwischt es eiskalt. Das heißt Kurzarbeitergeld, Arbeitslosengeld, platzende Kredite, Zwangsversteigerungen von Immobilien und Besuche vom Gerichtsvollzieher. Zombies sind Unternehmen mit einer sehr niedrigen Produktivität. Da sich ihre Tätigkeit darauf konzentrieren muss, Liquidität zu beschaffen, verkaufen Zombies ihre Produkte vor allem über den Preis bzw. unter Preis. Der Preis und nicht etwa die Qualität ist dann das entscheidende Verkaufsargument. Das führt zu einer Marktverzerrung und erschwert Unternehmen, die eigentlich bessere und innovative Produkte verkaufen, den Zombies Konkurrenz zu machen. Zombies bremsen folglich das Wirtschaftswachstum. Und schon haben wir die nächsten Zombies. Was hilft? Nur eine rigide Marktbereinigung und ein Marsch durch das Tal der Tränen.

Wären da nur nicht die Politiker. Die mögen keine schlechten Nachrichten. Also investieren sie in einen großen Teppich zum drunter kehren. Oder sie suchen externe Schuldige wie den Merkel-Husten oder Putin. Nur Lösungen finden sie nicht. Hilflosigkeit pur.

Bankenpleite

Kein Sektor in einer Volkswirtschaft hat eine derart zentrale, herausragende und systemsichernde Rolle wie die Kreditinstitute. Banken sind für das Funktionieren einer Volkswirtschaft mindestens hilfreich, vielleicht sogar unerlässlich.

Einer allgemeiner Wirtschaftskrise oder eine spezifische Bankenkrise geht einer Bankenpleite oftmals voraus. Meistens geraten viele Institute gleichzeitig in eine Krise. Das liegt an den sich kaum unterscheidenden Anlagestrategien, die dazu beitragen, dass Banken über ähnliche Portfoliostrukturen verfügen und somit gleichgewichteten Risiken unterliegen. Tritt dann ein Risiko ein, sind aufgrund der hohen positiven Korrelation der Bankrisiken viele Institute gleichzeitig betroffen. Die engen Interbankbeziehungen, also Bankgeschäfte der Kreditinstitute untereinander, sorgen zudem für weitere gegenseitige Abhängigkeiten.

Im Rahmen der Aufarbeitung der Finanzkrise ab 2007 wurde die Frage nach der Systemrelevanz von Kreditinstituten genauer untersucht. In den USA war diese Frage bereits spätestens seit 1914 immer wieder aufgeworfen worden. Die Insolvenz eines einzigen großen Finanzkonzerns kann aufgrund der engen Verzahnung der internationalen Finanzmärkte zu unkontrollierbaren Reaktionen an den internationalen Kapitalmärkten führen. Kreditinstitute oder Institutsgruppen, die aufgrund ihrer Größe, Bedeutung oder Vernetzung als systemrelevant oder systemtragend gelten, konnten bislang darauf vertrauen, bei eventuellen Rettungsaktionen durch die Dauermelkkuh Steuerzahler als erste gerettet zu werden.

Der Ablauf der Rettungsaktionen der USA bezüglich der Finanzkrise ab 2007 zeigte, dass dieses Vertrauen auf Rettung keine absolute Sicherheit darstellte: Während mehrere Institute tatsächlich gerettet wurden, nahm man die Insolvenz der Investmentbank Lehman Brothers und von Washington Mutual im September 2008 billigend in Kauf.

Lehman Brothers wurde am 11. September 2008 liquidiert, Merrill Lynch am 1. Januar 2009 von der Bank of America übernommen. Goldman Sachs sowie Morgan Stanley wandelten sich in Geschäftsbanken um. Die Pleite von Lehman traf aber letztendlich nicht die Amerikaner. Zwei Billionen Euro von wertlosen Hypothekendarlehn, in die Form von schillernden, aber faulen Kapitalanlagen gebracht, waren den dusseligen Deutschen als höchst profitable Wertpapiere untergejubelt worden. Die Zeche zahlten die Kunden von Sparkasse, Citibank und Co, die ungeprüft irgendwelchen Müll, den sie nicht im Geringsten verstanden hatten, ihren Kunden aufgebraten hatten.

Eine heilige Kuh ist, zumindest für die Deutschen, die Deutsche Bank. To big to fall. Systemrelevant. Doch ist sie das wirklich? Mumpitz. Das sind Schutzbehauptungen, die von Politikern wie eine Zombie-Wiederbelebungs-Beschwörung dauersingsangt werden. Als Belohnung winkt dann ein Pöstchen im Vorstand oder Aufsichtsrat mit dem damit verbundenen Schweigegeld. Politiker sind unfähig, aber nicht hirnlos. Sie denken mit der Brieftasche. Und da passt ganz schön was rein. Bis auf Ethik oder Moral. Damit haben Banken einen Persilschein. Egal, was sie treiben: Der Steuerzahler wird es schon richten. Die Banken plündern und die Politiker stehen Schmiere. Und die Gerichtsbarkeit? Nicht zuständig.

Banken und Bargeldabschaffung

Aus einer Studie der Deutschen Bundesbank geht hervor, dass bereits 2021 immerhin 40 Prozent aller Banken in Deutschland ein negatives Jahresergebnis hatten, also in den roten Zahlen standen. Dieser Wert wird sich nach Einschätzung von Fachleuten in 2022 auf ca. 80 Prozent steigern.

Diese Einschätzung stammt noch aus der Zeit vor der Corona-Krise. Inzwischen hat sich die Lage drastisch verschlimmert. Jetzt führt die Corona-Krise mit ihren Lockdowns dazu, dass die ganze Wirtschaft in Schwierigkeiten steckt. Jeder fünfte Betrieb steht unmittelbar vor dem Bankrott.

Das bedeutet für die Banken ein enormes Risiko, da die Kredite insolventer Firmen meist verloren sind und abgeschrieben werden müssen. Schon wieder droht unmittelbar eine Bankenkrise. Solche Situationen führten bisher dazu, dass die Anleger sich durch Abheben ihrer Kontoeinlagen vor dem Verlust zu retten versuchten. Je mehr Geld jedoch aus dem Bankenkreislauf durch Bargeldabhebungen entfernt wird, umso mehr Banken kommen in Schwierigkeiten. Sollten die Banken durch die Politik ermächtigt werden, unbegrenzt Geld aus dem Nichts generieren zu dürfen, wären sie zumindest vorübergehend aus dem Schneider. Doch leider ist die Basis für eine funktionierende Wirtschaft die Produktion. Dazu ein intakter Wirtschaftskreislauf und ein stabiler Markt. Das lässt sich weder kaufen noch aus dem Zylinder ziehen. Die Folgen einer unlimitierten Geldflut trägt wie üblich ein anderer: Der kleine Mann von der Straße. Der hat keine Lobby und seine Bediensteten, die sogenannten Volksvertreter, arbeiten lieber für das Großkapital.

Banken und Negativzinsen

Es gibt mittlerweile Negativzinsen. Aber wie kann das sein? Zinsen bekommt man doch normalerweise dafür, dass man sein Geld zum Beispiel an Banken über den Weg von Girokonten und Sparkonten verleiht.

Inzwischen verlangen laut Verbrauchervergleichsportal Verivox 450 Banken und andere Geldhäuser Verwahrentgelte. Der Kunde ist in der absurden Situation gelandet, dass er seinen Kreditnehmer nicht nur unentgeltlich mit Kapital ausstattet, sondern auch noch Geld dafür berappen muss. Und nicht nur das: Sein verliehenes Geld ist nicht einmal voll umfänglich abgesichert. Das mutet an wie ein Stück aus dem Irrenhaus. Wer kann an dieser verkehrten Welt Interesse haben? Zuerst einmal die Politik. Endlich kann man in Bausch und Bogen Staatsschulden machen und bekommt sogar noch Geld dafür. Paradiesische Zeiten.

Die Banken sind beruhigt. Sie verdienen nichts mehr mit Krediten, können aber für ihr Pleite-Risiko den Steuerzahler und Bankkunden in die Pflicht nehmen. Der Eigentümer wird zum Bittsteller. Die Banken plündern ihn aus und die Politik macht es möglich.

Negativzinsen sind salonfähig geworden sind und werden es weiter bleiben. Wer den sogenannten Verwahrentgelten aus dem Weg gehen möchte, für den wird die Luft konsequent dünner.

Es gibt eine weitere Entwicklung, welche der Sparer realisieren sollte. Es gibt immer mehr Geldinstitute, die die Grenzen für Freibeträge verringern. Es gibt inzwischen eine relativ hohe Anzahl an Geldhäusern, die nicht die üblichen 100.000 Euro als Freigrenze haben. 175 Banken und Kreditinstitute beschränken ihre freien Geldeinlagen bereits auf einen Betrag von

50.000 Euro oder weniger. Es gibt unter diesen Banken Kandidaten, die sogar schon ab dem ersten Euro Verwahrentgelte fordern.

Genau das zeigt, dass die Fluchtmöglichkeiten immer weniger werden. Sparer, die vor Negativzinsen flüchten wollen, können sich qualitativ nicht mehr so einfach auf zwei, drei Geldinstitute verteilen, zumal die Entwicklung noch nicht am Endpunkt angelangt ist. Wahrscheinlich werden weitere Banken auf den immer schneller fahrenden Zug aufspringen.

In den Zeiten einer mittlerweile mehrstelligen Inflation schmilzt die Kaufkraft der Geldmittel der Bevölkerung dahin wie ein Schneemann in der Saharasonne. Alle Geldwertanlagen, egal ob Sparkonto, Bausparkonto, Lebens- und Rentenversicherungen, Termingelder, Bundesschatzbriefe oder Verwahrlösungen wie das Girokonto sind mittlerweile zu Kaufkraftvernichtungsmaschinen geworden. Das Geld ist zwar noch da, nur leider bekommt man nichts mehr dafür. Die Situation ist hinreichend bekannt, siehe 1923.

Könnten Aktien oder Immobilien eine Alternative sein? Theoretisch ja. Leider ist das der Politik auch aufgefallen. Daher kommt das EU-Vermögensregister mit Riesenschritten daher, vorbereitet durch die anstehende neue Volkszählung, bei der, oh Wunder, vornehmlich die gutbetuchten Bürger der Inquisition unterworfen werden. Und schon hat man sie wieder am Haken.

Was bleibt? Die Landflucht? Das wird schwierig, insbesondere für Selbständige. Denn auch da wurde bereits ein Riegel vorgeschoben. Die Politik hat den Staat, sprich die Bürger, in die Pleite geführt und giert nach frischem Geld.

Wie funktioniert das Bankensystem

> *Wenn die Leute das gegenwärtige Bank- und Geldsystem verstünden, würde es vermutlich eine Revolution noch vor morgen früh geben. Henry Ford*

Dieser Netzfund eines leider unbekannten Schreibers bringt die Absurdität des Banksystems auf den Punkt. Neulich in einer deutschen Bankfiliale:

Erwerbsloser: „Guten Tag."
Bankangestellter: „Guten Tag, Herr Müller! Was kann ich für Sie tun?"
Erwerbsloser: „Ich hätte gern ein Darlehen."
Bankangestellter: „Ja gern, Herr Müller. An wie viel hätten Sie denn gedacht?"
Erwerbsloser: „Exakt 1.000.000 Euro."
Bankangestellter: „Darf ich fragen wofür Sie so viel Geld benötigen?"
Erwerbsloser: „Um eine Bank zu gründen. Dazu benötige ich eine Banken-Lizenz. Und die bekommt jeder, der 1.000.000 Euro nachweisen kann."
Großes Raunen wartender Kunden hinter der Diskretions-Markierung.
Bankangestellter: „Welche Sicherheiten hätten Sie denn anzubieten?"
Erwerbsloser : „Die gleichen Sicherheiten, die Sie Ihren Kunden anbieten!"
Bankangestellter: „Wie darf ich das verstehen, Herr Müller?"
Erwerbsloser: „Mit einer zulässigen Mindestreserve von 1% kann ich die 1-Million-Euro mindestens 99 mal verleihen und niemand hat etwas bemerkt. Also

exakt die gleichen Sicherheiten, wie Ihre seriöse Bank. Sie sind doch eine seriöse Bank oder? "
Blankes Entsetzen aller wartenden Kunden hinter der Diskretions-Markierung.

Bankangestellter: „Selbstverständlich Herr Müller, klar doch bekommen Sie die 1-Million Euro, aber seien Sie um Himmelswillen doch nicht so laut" und telefoniert schon mit dem stellvertretendem Geschäftsstellenleiter der Bank.

Mittlerweile stehen hinter der Diskretions-Markierung schon ein halbes Dutzend neugieriger Gesichter.

Bankangestellter: „Herr Müller, Sie möchten sich bitte in das Büro 2 in die hinteren Geschäftsräume zu unserem stellvertretenden Geschäftsstellenleiter begeben. "

Erwerbsloser : „Vielen Dank ".

Bankangestellter: „Der Nächste bitte. "

Wartender Kunde 1 tritt über die Diskretions-Markierung.

Bankangestellter: „Was kann ich für Sie tun? "

Wartender Kunde 1: „Ich möchte gern eine Bank gründen und benötige dafür 1.000.000 Euro!"

Blankes Entsetzen beim Bankangestellten.

Bankangestellter: „Bitte gehen Sie nach hinten und nehmen Sie vor dem Büro 2 Platz. Der Nächste bitte. Was kann ich für Sie tun? "

Wartender Kunde 2: „Ich möchte gern mein ganzes Erspartes abheben. "

Bankangestellter: „Darf ich fragen warum? "

Wartender Kunde 2: „Ich möchte gern eine Bank gründen und benötige dafür 1.000.000 Euro!"

Bankangestellter schon Schweißperlen auf der Stirn.

Bankangestellter: „In den hinteren Geschäftsräumen bitte vor Büro 2 setzen. Der Nächste bitte. Was kann ich für Sie tun?"

Wartender Kunde 3: „Ich möchte auch gern mein ganzes Erspartes abheben."

Bankangestellter: „Wollen Sie auch eine Bank gründen?"

Wartender Kunde 3: „Nein, warum das denn? Meine Frau und ich fliegen Samstag an die Côte d'Azur und wollen noch mal so richtig shoppen gehen, bevor Ihr kleines „Bankgeheimnis" auffliegt."

Bankangestellter: „Bitte begeben Sie sich in den Wartebereich in die hinteren Geschäftsräume vor Büro 2. Der Nächste bitte. Was kann ich für Sie tun?"

Wartender Kunde 4: „Ich möchte mein komplettes Guthaben von Ihrer Bank abziehen und als physisches Gold mitnehmen."

Bankangestellter: „Wollen Sie etwa auch eine Bank gründen?"

Wartender Kunde 4: „Nein natürlich nicht. Aber bevor hier jeder eine Bank mit Papiergeld eröffnet und digitale Ziffern im Computer aus Stromimpulsen hin- und herschiebt, möchte ich doch besser mein kleines Vermögen in Gold mitnehmen."

Bankangestellter: „Und wie viel wäre das?"

Wartender Kunde 4: „Rund eine Tonne Feingold."

Bankangestellter: „So viel haben wir gegenwärtig nicht in unseren Tresoren."

Wartender Kunde 4: „Dann nehme ich so viel Gold, wie Sie haben und den Rest in Silber."

Bankangestellter: „Tut mir Leid der Herr, aber wir haben momentan keine Gold- oder Silber Reserven. Wir könnten allerdings eventuell Banknoten anfordern. Bitte begeben Sie sich in den Wartebereich vor dem Büro 2, ziehen Sie eine Nummer und warten Sie bis Sie von unserem stellvertreten-den Geschäftsstellenleiter aufgerufen werden. Der Nächste bitte. Was kann ich für Sie tun?"

Der Bankangestellte tupft sich mit einem Taschentuch die Schweißperlen von der Stirn.

Wartender Kunde 5: „Hände hoch, Banküberfall! Raus mit dem Zaster."

Bankangestellter: „Wie viel benötigen Sie denn?"

Wartender Kunde 5: „Genau 1.000.000 Euro."

Bankangestellter: „Sie wollen doch nicht zufällig eine Bank gründen oder?"

Wartender Kunde 5: „Woher wissen Sie das denn?"

Bankangestellter: „Bitte begeben Sie sich in den Wartebereich vor dem Büro 2, dort erhalten Sie die Antwort auf Ihre Frage ..."

Der Bankangestellte ist schon völlig mit den Nerven fertig, da kommt noch einer ...

Wartender Kunde 6: „Ich hätte gern meinen monatlichen Hartz-IV Regelsatz, also 404 Euro in bar abgehoben."

Bankangestellter: „Tut mir Leid. Wir sind bankrott!"

Wartender Kunde 6 : „Wieso das denn?"

Bankangestellter: „Bitte begeben Sie sich in den Wartebereich vor dem Büro 2, dort erhalten Sie die Antwort auf Ihre Frage..."

Dem ist bis auf eine Kleinigkeit nichts hinzuzufügen: Wollen Sie wirklich Ihr Hab und Gut einem solchen System anvertrauen?

Und nun zu einem weiteren Baustein des Geldsystems: Dem Killer der D-Mark und des deutschen Wohlstands. Dem Euro.

Der Vorbote der Apocalypse: Der (T)Euro

Tatsächlich: An Geld herrscht kein Mangel. Aber leider kommt es nicht beim arbeitenden Teil der Bevölkerung an. Im Gegenteil. Dort landet immer weniger. Anders sieht es bei den Konzernen und schlimmer noch den Ländern und Staaten aus. Die können treiben, was sie wollen. Es finden sich immer Politiker, die sich getrieben von der Hoffnung auf ein lauschiges Plätzchen in Vorständen und Aufsichtsräten, zu Gefälligkeiten hinreißen lassen. Man rettet fröhlich vor sich hin und hält sogar Sterbekandidaten bis zum Sankt Nimmerleinstag am Scheinleben.

Wer erinnert sich noch an die erste große Eurorettung? Das erste Jahrzehnt der Rettung der maroden Wackelwährung begann im März 2011 und bedeutete, dass der deutsche Michel bis auf den heutigen Tag allumfassend für die Schuldenaufnahme in den anderen EU-Ländern bürgt. Wolfgang Schäuble verpfändete die gesamten Sparguthaben der Deutschen für den guten Zweck. Durfte er das eigentlich? Nein. Aber das hat ihn nicht gejuckt. Und die Kontoinhaber? Die haben es nicht einmal mitbekommen. Schließlich liegt das Geld ja noch auf ihren Konten. Aber das kann sich schnell ändern. Man verwahrt es nur solange, bis andere es benötigen oder einfach nur haben wollen.

Das zweite Jahrzehnt der Eurorettung begann am Donnerstag, dem 25. März 2021. Es konnte nur beginnen, weil seit Samstag, dem 13. Februar 2021, eines der Empfängerländer, Italien, in Mario Draghi seinen neuen Ministerpräsidenten fand. Draghi, der kurz vorher noch der Schuldenpapst der EZB war, die EU-Bürger erfolgreich um Billionen entreichert hatte und nun endlich den Schlüssel der Bananenplantage in seinen gierigen Händen hielt, konnte sich auf eine reiche Ernte freuen konnte.

Das Ausplündern der „kleinen Leute" war auch Bundespräsident Frank-Walter Steinmeier recht, der dem früheren Präsidenten der Europäischen Zentralbank Mario Draghi dafür das Bundesverdienstkreuz verlieh. Draghi habe „in stürmischen Zeiten den Euro und die Europäische Union zusammengehalten", sagte Steinmeier in einer Feierstunde im Schloss Bellevue in Berlin. Das hatte er allerdings, der Draghi. Mit dem geraubten Geld anderer Leute straffrei auf Einkaufstour gehen, macht Freunde. Die Auszeichnung Draghis stieß trotz seiner umstrittener Niedrig- und Nullzinspolitik in den Medien nicht einmal gelegentlich auf Kritik, obwohl es ein „Schwarzer Freitag" für die deutschen Sparer war. Durch Draghis Null-Zins-Politik haben die deutschen Kleinanleger und Rentner Privatvermögen in Milliardenhöhe verloren.

Steinmeier wiegelte die durchaus vorhandenen Kritiker ab. Natürlich sei Kritik an einer unabhängigen Zentralbank und den handelnden Personen möglich. „Aber bitte in einer sachlichen Debatte mit Respekt und Anstand." Wie sachlich hätten wir es denn gern, Herr Steinmeier? Was würden Sie denn gern hören? Straßenräuberei, Veruntreuung anvertrauter Gelder, Raub, Plünderung, Schurken und Diebesgesindel? Niemand in der EU konnte so elegant Geld aus dem Nichts schaffen wie Frank Walters guter Spezi Mario. Doch einer alleine wäre damit überfordert gewesen. Dazu bedurfte es weiterer Kumpel und Kumpelinen. Für Frankreich ging Christine Lagarde ins Rennen, für Italien Mario Draghi, für Deutschland Ursula von der Leyen und natürlich die Rekordverschwenderin Angela Merkel als Spitze der Bundesregierung.

Deutschland spendierte das Geld, Frankreich und Italien gaben es aus und es herrschte erst einmal Ruhe. Alle waren happy bis auf die deutschen Steuerzahler, die für den ganzen Geldsegen geschlachtet wurden.

Angela Merkel, im Volksmund immer wieder „Honeckers Rache" genannt, hat während ihrer Regierungszeit einen nicht wieder gutzumachenden wirtschaftlichen Schaden angerichtet, der auf immerhin eine Milliarde Euro pro Tag ihres Schaffens hochgerechnet wird. Wer denken und zählen kann, sollte spätestens jetzt nach Luft schnappen und beginnen, sich die eine oder andere Frage zu stellen.

So wie die DDR 1990 von der Bildfläche verschwand, wird in naher Zukunft die Bundesrepublik Deutschland mindestens in Bezug auf ihre Wirtschaftsleistung, vielleicht aber auch komplett, von der Bildfläche verschwunden sein.

Wie auch immer: Jetzt haben wir den Salat. Die Bundestagsentscheidung für einen Europäischen Wiederaufbaufonds schaffte im ersten Schritt einen Doppelstaat nach Art des doppelten Lottchens. Die Bürger wissen seit dem nicht mehr, mit wem sie es gerade zu tun haben. Werden sie nach deutschem Recht abgeschöpft oder nach EU-Recht? Letztendlich ist es egal, denn noch größere Ereignisse werfen ihre Schatten voraus. Der Doppelstaat von 2021 ist nur ein Übergangsstadium. Er ist der Weg, die Umwandlung des Staatenbundes EU in einen föderalen Bundesstaat EU und somit die Abschaffung jeglichen Nationalstaats mit einer gewissen Unabhängigkeit. Die EU ist dann der neue „Massimo Leader": „Führer befiehl…wir folgen Dir!" Und wer nicht folgen will, muss fühlen. Es ist wirklich geschickt eingefädelt. Ohne dass die EU schon jetzt in einen Bundesstaat umgewandelt werden musste, funktioniert sie fiskalisch wie einer. Die EU-Kommission wird weiterhin von den Mitgliedsstaaten alimentiert und darf künftig zusätzlich selbständig auf Kappe der Steuerzahler unbegrenzt Schulden wie die besagten 750 Milliarden Euro aufnehmen. Diese darf sie dann als Eigenmittel behandeln und sie nicht nur nach Gusto verteilen, sondern sie sogar verschenken. 360 Milliarden Euro stehen als Darlehen und 390 Milliarden Euro als Finanzhilfen zur freien Verfügung.

Es sind großzügige Geschenke, welche die entsprechenden EU-Empfänger-Länder, an erster Stelle Italien, nicht zurückzahlen sondern behalten und nach Belieben ihrer Berufspolitiker verteilen dürfen.

Wer zahlt für das Präsent? Als betuchteste Vereinsmitglieder des „Verlierer e.V." erwischt es, so wie jedes Mal, den besagten deutschen Nettosteuerzahler. Und der sagt nichts dazu. Wie sollte er auch? Er hat bis heute nicht kapiert, was da abläuft. Er hat nicht verstanden, wie Geld funktioniert. Oder Wirtschaft. Oder Politik. Er weiß in breiter Masse nur, was Abend für Abend an Weisheiten, Demagogie und Propaganda aus seiner 60-Zoll Turboglotze quillt und ihm als Nachrichten untergejubelt wird. Geh fröhlich arbeiten und alles wird gut. Mach Karriere. Und geh zur Wahl. Wir Politiker wissen, was wir tun und wollen nur Dein Bestes. Und in der Tat: Das ist so. Sie wissen genau, was sie tun müssen, um an sein Bestes zu gelangen. Wer nichts weiß, muss alles glauben. Der deutsche Michel weiß wie üblich nichts und wird wie jedes Mal alles mitmachen und die Folgen seiner Dummheit im richtigen Leben in Echtzeit erleben. Allerdings wird er auch dann nicht verstehen, wie es überhaupt soweit hatte kommen können.

Das Finanzsystem ist am Ende

Die Zinsen können nicht mehr weiter fallen. Doch wie die Geschichte zeigt, platzen ausnahmslos alle Blasen. Noch nie hat es eine dauerhafte Blasenbildung gegeben und wird es auch nie geben. Zwar steigen die Börsen derzeit weiter, doch fehlt zunehmend der Hauptantriebsfaktor, nämlich die sinkenden Zinsen. Ein dauerhafter Zins unter null Prozent ist schlicht nicht möglich, ohne dass der gesamte Kapitalmarkt zusammenbricht. Fallen die Zinsen langfristig auf unter null Prozent, dann führt das dazu, dass die Anleger ihre Bankkonten räumen und ins Bargeld flüchten, um Negativzinsen zu vermeiden. Das hat dann unmittelbar eine Liquiditätskrise mit Bankenpleiten und eine Finanzkrise zur Konsequenz, die noch viel größer als die im Jahr 2008 werden wird.

Niedrigzinsen zeigen nicht an, dass alles in bester Ordnung ist und man jetzt in die Aktien- und Immobilienspekulation einsteigen kann, sondern dass das Privat-Vermögen vor dem kommenden Mega-Crash gerettet werden muss. Doch die Banken leiden nicht nur unter ihrem Schuldenberg, sondern auch unter den Risiken von Billionen Euro schweren Spekulationen mit ungedeckten Wettpapieren in den internationalen Banken-Spielcasinos. Allein die Deutsche Bank muss Schätzungen zufolge im Fall der Fälle für mindestens 60 Billionen, also flotten 60.000 Milliarden geradestehen. Da hilft nur noch eins: Die Abschaffung des Bargelds und der damit verbundenen Mindestreserve. So drückt man den Banken den Schlüssel für die Plantage der unbegrenzten Kapitalschöpfung aus dem Nichts und somit die unbegrenzte Herrschaft über das Geld in die Hand.

Kryptowährung: Geld ohne Banken

Kryptowährungen sind noch ein sehr, sehr junger Markt. Der Bitcoin erblickte am 3. Januar 2009 das Licht der Welt. Da es sich noch um einen sehr jungen Markt handelt, ist er als sehr volatil und somit als spekulativ einzustufen, auch, wenn die langfristige Performance des Bitcoin, erstaunlich ist. Wie war das doch gleich mit der „Dotcom Bubble" 1999/2000? Damals war das Internet noch sehr jung und der erste Börsengang einer Internetcompany war der IPO von Netscape am 9. August 1995.

Aufgrund der sehr guten Entwicklung der Aktie wurden die Anleger zunehmend euphorisch, was dann schließlich in der „Dotcom Bubble" sowie der Spekulationsblase am Neuen Markt führte, die dann im März 2000 platzte.

Im Zuge des Platzens dieser Spekulationsblasen wurden jedoch alle Internetaktien ausverkauft. So konnte man in den Jahren 2000 oder 2001 eine Aktie von Amazon teilweise nochmals unter 10 US-Dollar bekommen. Heute notiert diese Aktie zwischen 3.500 und 4.000 US-Dollar, unweit ihres Allzeithochs. Wer wäre nicht gern dabei gewesen?

Leider gibt es hier einen kleinen, aber gemeinen Unterschied. Kryptowährungen, so auch der Bitcoin, haben substanziell nichts in der Hand. Die elektronischen Währungen leben nur von etwas Strom, ein paar guten Programmierern und viel Phantasie. Es ist quasi reine Willkür, wie sich die Kurse entwickeln. Es ist so, als ob der Betreiber einer Lottogesellschaft die kommenden Zahlen selbst festlegt und auch noch mitwetten darf.

Wer ist eigentlich der wirkliche Initiator von Bitcoin? Bisher scheinen nur Strohmänner vorgeschoben worden zu sein. Welche Absicht steht dahinter?

Mutmaßlich ist es die Abschaffung des Bargelds, die hier als lukrative Botschaft unter die Laieninvestoren gestreut wird. Kauf Dich reich mit Bitcoin. Bargeld? Wie uncool ist das denn?

Man sollte man immer, wenn vor etwas gewarnt wird, sehr genau hinschauen. Die Warnungen haben durchaus eine gewisse Berechtigung. Was ist, wenn Krypto-Systeme nichts als Schneebälle sind? Betrügerische Kryptos hat es schon etliche gegeben. Das Geld ist dann weg. Unwiderruflich. Aber da winken auch echte Chancen, so wie damals beim Bitcoin. Hätte man in der Frühphase, kurz nach dem Start des Bitcoin, nur fünf bis zehn Prozent seines Geldes investiert, so wären im schlimmsten Fall der Verlust erträglich gewesen. Wie gut die Performance des Bitcoin sein würde, konnte niemand voraussehen. Die Sache ist aber, zumindest temporär, gut ausgegangen und die Käufer haben ein Vielfaches gewonnen.

Wie wäre es mit einer Kristallkugel? Alternativ einem willfährigen Programmierer, der genau das macht, was man von ihm verlangt?

Nun sind alle Krypto-Interessenten gierig und sabbern voller Vorfreude auf die kommenden digitalen Währungen und die damit möglichen Gewinne. Wären da nicht die Anwandlungen der Brüsseler Eurokraten. Diese haben in ihren Bestrebungen, die Krypto-Währungsmärkte zu regulieren, eine absolute Glanzleistung vollbracht. Im Krypto-Universum gibt es sogenannte „Privacy Coins", die sich den Schutz der Privatsphäre auf ihre Fahnen geschrieben haben. Bei Bitcoin und vielen anderen Kryptowährungen ist der

Schutz privater Daten alles andere als vorbildlich. So ist der Bitcoin nur pseudonym, aber nicht anonym. Wäre das anders, hätten Behörden bei Ermittlungen niemals Erfolge erzielen können. Aber mit Kryptos wie Monero (XMR), DASH oder ZCash (ZEC) gibt es tatsächlich anonyme Coins.

Die Konzepte weichen voneinander ab. Während bei Monero Transaktionen grundsätzlich anonym sind ist das bei DASH nicht der Fall. Hier sind Transaktionen grundsätzlich nicht anonym. Man kann sie aber mit einem Klick anonymisieren. Aufgrund dieser Tatsache hat das französische Parlament beschlossen, dass die französische Regierung Privacy Coins verbieten soll. Bisher ist das nicht passiert, aber die Franzosen haben wohl ihren Einfluss in der EU geltend gemacht, um nicht nur ein französisches, sondern sogar ein europäisches Verbot solcher Privacy Coins durchzusetzen. Brüssel hat kürzlich vorgeschlagen, dass man in der EU keine anonymen Wallets mehr erlauben solle.

Das war eine massive Attacke auf unabhängige Kryptowährungen wie die Privacy Coins, die dadurch stark an Wert verloren, sich aber mittelfristig wieder erholten. Wer gerade verkaufen musste, war u.U. ruiniert. Wie immer war der Deckmantel, mit dem man solche Regeln begründete Geldwäsche und Terrorfinanzierung, denn das haben die Menschen seit 9/11 gefressen. Tatsächlich steht dahinter, dass aus Sicht der Eurokraten jeder Mensch, der eine Transaktion anonym durchführen möchte, etwas Böses im Schilde führt. Hätte man früher so gedacht, hätte es das inzwischen quasi aufgehobene Bankgeheimnis nie gegeben. Man kann für oder gegen Kryptowährungen sein. Es steht jedem frei, dort Geld zu investieren. Aber man sollte sich gut überlegen, ob man ausgerechnet Politikern, die sich solche Dinge ausdenken, in Sachen Integrität und Loyalität über den Weg trauen sollte. Mit Blick auf den Digital-Euro, an dem die Europäische Zentralbank gerade mit Nachdruck arbeitet, sollte sich jeder deshalb vor Augen führen, dass es einen großen Unterschied zwischen dem Bargeld und dem neuen digitalen Geld der Zentralbanken gibt. Beim Bargeld ist nicht bekannt, wer eine 100-Dollarnote oder einen 500-Euroschein benutzt. Beim digitalen Zentralbankgeld ist das jedoch anders.

Der entscheidende Unterschied ist, dass die Zentralbanken absolute Kontrolle über die Regeln und Regulierungen haben werden, die die Nutzung des digitalen Zentralbankgeldes regeln. Und sie werden auch die Technologie haben, das durchzusetzen. Diese beiden Aspekte sind sehr wichtig und machen einen riesigen Unterschied gegenüber dem Bargeld aus.

Diese absolute Kontrollfunktion stellt eine Machtfülle dar, die es zuvor nie gegeben hat. Bislang haben die Notenbanken das Zentralbankgeld nur herausgegeben. Wer es wann, wo und aus welchem Grund benutzt hat, war nicht nur außerhalb ihrer Kontrolle, sondern blieb ihnen in den meisten Fällen auch verborgen.

Beim digitalen Zentralbankgeld wird das anders sein. Es wird schnell das Bargeld verdrängen, wenn man dessen Benutzung nur ausreichend stark verteuert. Danach entscheidet die Notenbank ganz eigenständig darüber, wer das Zentralbankgeld benutzen darf und wer nicht.

Personen, die plötzlich an der Supermarktkasse nicht mehr bezahlen können, müssen sich dann fragen, ob nur ein unbeabsichtigter technischer Fehler vorliegt oder der gezielte Ausschluss vom gesellschaftlichen Leben von der Notenbank oder vom Staat verfügt worden ist, weil sie in der Vergangenheit vielleicht zu viel Kritik geübt hatten.

Die Europäische Zentralbank wird die nächste Stufe bei der Einführung des digitalen Euros einleiten. Man geht davon aus, dass Europa im schlimmsten Fall abhängig von Zahlungsmitteln und Zahlungssystemen werden würde, die nicht in der Euro-Zone angesiedelt seien oder zumindest hier kontrolliert werden würden. Institutionen wie die Deutsche Bundesbank, aber auch die EZB und die Regierung in Deutschland, sind derzeit offenbar verstärkt damit beschäftigt, dass neue digitale Währungen eingeführt werden sollen. Nun nimmt sich die EZB des Themas verstärkt an. Dabei geht es nach Meinung der Unionsfraktion darum gehen, einen europäischen digitalen Identitätsnachweis auszustellen. Dies sei wichtig, um künftig Zahlungen digital abwickeln zu können.

Auch das noch. Möglichst verbunden mit einem Personalausweis oder Pass, einer Impfstatuskarte, eine Krankenversicherungskarte und allem, was man zur Totalüberwachung nutzen kann.

Das war es dann wohl mit finanzieller Freiheit, Individualität und dem diskreten monetären Weihnachtsgeschenk im Umschlag von Oma.

Wer wissen möchte, was bereits bei einem klitzekleinen Datenfehler so alles passieren kann, der gönne sich den Film "Brazil" von Terry Gilliam. Das Ministerium für Informationsbeschaffung zieht dort alle Register. Sollte man jemandem so viel Macht anvertrauen? Besser nicht. Macht korrumpiert, wie man uns eindrücklich zeigt. Trau, schau, wem. Und wer ausgerechnet Politikern traut, der hat zu lange vor der Glotze gesessen und vertraut auch der Tagesschau. Und

Zitronenfalter falten Zitronen. Ganz bestimmt. Und nun etwas Frisches aus der Presse:

AOL REDAKTION 3. August 2022, 2:34 PM

Mann wirft 150 Millionen Pfund in Bitcoin weg: Jetzt soll KI bei der Suche helfen.
Ein Computeringenieur entsorgt eine alte Festplatte, auf der sich Bitcoin im Wert von umgerechnet 180 Millionen Euro befanden. Zur Suche auf den in Frage kommenden Mülldeponien will er künstliche Intelligenz nutzen. Wäre das mit einem Sparschwein auch passiert? Der britische Computeringenieur James Howells kann einen folgenschweren Vorfall von 2013 nicht vergessen, der von einer rosa Keramikdose nicht weiter entfernt sein könnte: Während einer Büroräumung sortierte er eine Festplatte aus, auf der sich nachweislich 8.000 Bitcoins befanden, die heute 150 Millionen Pfund (oder 180 Millionen Euro) wert wären.
Verständlicherweise wollte der findige Ingenieur den Verlust nicht akzeptieren und setzte alle Hebel in Bewegung, um doch noch an die wertvolle Fest-platte zu kommen. Denn nach seinen Recherchen müsste sich die Hardware auf einer Mülldeponie im südwalisischen Newport befinden.
Die dortigen Behörden lehnten einem Bericht des britischen The Guardian zufolge eine 25-prozentige Beteiligung am Bitcoin-Erlös im Austausch für eine gemeinsame Suche allerdings ab. Ihre Begründung: Durch die Suche würden Umweltschäden verursacht und gegen Lizenzvorschriften verstoßen.
Den Finderlohn für die städtischen Helfer hätte Howells durch Hedgefonds-Erlöse finanziert. Jetzt wird

das Geld in eine neue Idee investiert, die endlich zum Wiedersehen mit der Festplatte führen soll: Mittels KI-Technologie soll ein mechanischer Arm den Müll filtern, bevor die weitere Suche von Hand in einer Pop-up-Anlage in der Nähe der Deponie von statten gehen kann. Den Einsatz von zehn Millionen Pfund (fast 12 Millionen Euro) sieht der Brite laut The Guardian auch in diesem Fall gut angelegt – für die Einstellung von Umwelt- und Datenwiederherstellungsexperten sowie den Einsatz von Roboterhunden, die als "Wachpersonal" vor ungewollten Mitsuchern schützen sollen. Die Erlaubnis der Behörden zum Spezialeinsatz hat James Howells noch nicht erhalten – und auch wenn, ist noch alles andere als sicher, dass die Suche erfolgreich sein wird oder dass sich die Daten der vor Jahren verlorenen Festplatte wiederherstellen lassen. Sollte die Suche erfolgreich sein, will er die Stadt Newport finanziell unterstützen – mit Investments in kryptobasierten Projekten, aber auch der Errichtung einer Stromerzeugungsanlage auf dem bisherigen Deponiegelände.

Medienberichten zufolge ist das letzte Wort in der Angelegenheit noch nicht gesprochen. The Guardian zitiert allerdings einen Sprecher des Newporter Stadtrats, der wenig Hoffnung auf ein erfolgreiches Ende für Howell macht: "Wir haben gesetzliche Pflichten, die wir bei der Verwaltung der Deponie erfüllen müssen. Ein Teil davon ist das Management des ökologischen Risikos für den Standort und das weitere Gebiet. Die Vorschläge von Herrn Howells stellen ein erhebliches ökologisches Risiko dar", heißt es.

Noch Fragen? Keine? Dann auf zum nächsten Kryptonit für Ihr Depot: Dem Krypto-Euro.

Der digitale Euro

Im Rahmen der Bargeldabschaffung und der Totalüberwachung jeglicher Vermögenswerte steht er bereits vor der Haustür der EU: Der digitale Euro.

Was bedenklich stimmen sollte, ist die Eile, die bei
diesem Projekt an den Tag gelegt wird. Der digitale
Euro soll nach Insiderinformationen der Website Bu-
sinessinsider sechs Monate lang in einigen Euro-
Ländern getestet und noch in 2022 in der gesamten
Euro-Zone eingeführt werden.

Unter dem digitalen Euro versteht man eine Währung,
die von der Notenbank wie Bargeld herausgegeben
wird, jedoch nicht physisch, sondern über Konten bei
dieser kontrolliert wird. Begründet wird dieses schnelle Vorpreschen offiziell damit, dass die EZB auf Pläne
Chinas zu einem digitalen Yuan und auf eine Digital-
währung von Facebook, sowie Kryptowährungen wie
dem Bitcoin reagieren müsse.

Ein Schelm, der Böses dabei denkt und ein Idiot, der
es glaubt. Es steckt etwas völlig anderes dahinter. Seit
der Finanzkrise 2008 konnte das Banken- und Finanzsystem nur durch ständige Zinssenkungen der Notenbank vor einem Kollaps bewahrt werden. Inzwischen
ist das Zinsniveau jedoch bei null Prozent, bzw. im
niedrigen Minusbereich angekommen. Das bedeutet,
dass weitere Zinssenkungen in den deutlichen Minusbereich von beispielsweise mehreren Prozentpunkten
nicht mehr möglich sind. Solange es Bargeld gibt,
weicht das Kapital solchen starken Minuszinsen sofort
aus, indem das Geld von den Konten abgehoben und
als Bargeld im Tresor gelagert wird. Bei einer Digi-
talwährung entfällt jedoch diese Möglichkeit und die
Kontenguthaben sind den Zwangsminuszinsen der

Notenbank ausweglos unterworfen, sobald die Alternative Bargeld abgeschafft worden ist. Man rechnet deshalb damit, dass nach der Einführung des digitalen Euro die Bargeldabschaffung nicht mehr lange auf sich warten lässt. Damit wird dann der Weg für die Notenbanken freigemacht, alle Bankguthaben mit satten Minuszinsen zu belasten, ohne dass Kunden ins Bargeld als Alternative flüchten könnten. Doch es geht um noch mehr: Mit dem digitalen Euro soll eine zwangsläufig kommende Bankenkrise verhindert werden. Sogar ein Verfallsdatum der Guthaben wird erwogen. Das wäre das Ende des Privatvermögens.

Die Tatsache, dass die EU dahinter steckt, sollte den Europa-Bürger noch nervöser machen, als es bereits der Fall ist. Bei der EU handelt es sich um einen reinen Wirtschaftsverband von Banken und Industrie, nicht jedoch um eine demokratisch gewählte Bürgervertretung für Otto Normalverbraucher.

Die EU denkt, die EU lenkt und das im Auftrag der Herrschaften von IWF und Co zu deren Vorteil und Nutzen. Und der Bürger? Der erwirtschaftet den ganzen Segen und zahlt die Zeche. So war es schon immer und so wird es auch bleiben, solange er nicht versteht, wie das Finanzsystem funktioniert und wer die Strippen zieht.

Anscheinend geht es allen noch viel zu gut. Und somit ist es nur eine Frage der Zeit, bis alle Kleinbürger entreichert worden sind und wie üblich das Gejammer ertönt: „Aber das hat doch keiner ahnen können!"

Nun gut: Man hätte sich ja auch bilden, ein paar Bücher lesen, im Internet recherchieren und vor allem handeln können. Aber nichts liebt der Deutsche so sehr wie seine Opferrolle und laute Klagegesänge. Somit ist sein Schicksal besiegelt.

Globopoly - Das WEF-Monopoly-Spiel.

Stellen Sie sich vor, Sie dürfen beim großen „WEF-Monopoly" mitspielen. Sie freuen sich bereits, denn wie Sie wissen, kann man dabei unheimlich viel Geld verdienen, reich und unabhängig werden und mal so richtig auf den Putz hauen.

Die Regeln: Alle Mitspieler bis auf einen bekommen ein Grundeinkommen von 1.000 Euro. Der eine Mitspieler und zugleich Spielleiter, nennen wir ihn einfach mal „Klaus" (irgendeinen Namen muss er ja haben) oder auch „Mister X", hält im Auftrag der Erfinder des Spiels die Bank, bestimmt je nach Laune die Regeln und verfügt über nahezu unbegrenzte Mittel.

Die Ausgangssituation des Spiels: Der Bank (stellvertreten durch Mr. X) gehören alle einträglichen Straßen mit Ausnahme der abrissreifen Bad- und Turmstraße. Weiterhin gehören der Bank das Elektrizitätswerk, die Bahnhöfe und das Wasserwerk. Es bleiben noch das "Gehe in das Gefängnis"-Feld, „Frei Parken", das Ereignis-Feld und das Gemeinschafts-Feld.

Alle Spieler dürfen sich nach dem Ergebnis ihres Wurfs mit zwei Würfeln auf dem Feld bewegen. Die Ausnahme ist „Mister X". Der sitzt permanent auf dem „LOS"-Feld und freut sich.

Mit jedem Besuch auf einer der Straßen ist die obligatorische Mietzahlung fällig, solange man nicht deren Eigentümer ist. Dazu müsste man die Straße erwerben. Zum freien Erwerb stehen allerdings nur die Bad- und Turmstraße. Schlechte Lage, miserable Mieterstruktur und viel zu hoher Investitionsstau. Und leider funktioniert der Erwerb nicht mit der Bonität eines Grundeinkommes.

Natürlich könnten auf den Wackelbuden von Bad-, Turmstraße und Co. Hypotheken platziert werden. Doch auch dafür reicht die Bonität des Grundeinkommens nicht. Sollten diese „Spitzeninvestments" nicht von den konventionellen Mitspielern erworben werden können, wird gespielt, bis sie insolvent sind. Theoretisch kann man sich auch die interessanten Straßen kaufen. Das setzt allerdings voraus, dass die Bank verkaufen will. Doch die Bank veräußert nichts.

Die Gemeinschafts- und Ereigniskarten sind neu gestaltet. Der gute, alte „Bankirrtum zu Deinen Gunsten" wurde abgeschafft. Die aktuellen Karten sind ausnahmslos Zahlkarten wie „Steuererhöhung", „Soli-Beitrag", Impf-Pauschale, „Klimaabgabe", „Rentenversicherung", „Gesundheitskosten" und nicht zu vergessen die „Migrationskosten". Weiterhin gibt es die neuen „Gehorche"-Karten. Damit kann Mister X jederzeit intervenieren, wenn jemand aufmuckt.

Das Eintreten der Insolvenz jedes Mitspielers (bis auf „Mister X", der wie bekannt über nahezu unerschöpfliche Mittel verfügt) ist nicht nur vorprogrammiert, sondern Sinn und Zweck der ganzen Angelegenheit. Es ist nicht beabsichtigt, dass ein „normaler" Mitspieler wohlhabend oder gar unabhängig wird und aus seinem Hamsterrad aussteigt.

„Mister X" bestimmt die Länge des Spiels, da er über die Bank zinspflichtige Kredite vergeben kann. Doch warum sollte er das tun? In der Kürze liegt die Würze und die Bank gewinnt immer.

Am Ende bleibt erfolgt die Abschaffung der nun überflüssigen Spieler. Die werden nicht mehr benötigt. Und damit wäre das Spiel beendet. „Mister X" könnte natürlich alles wieder verteilen und das Spiel neu starten. Aber das wird nicht geschehen. So ist das Leben.

Und nun wünsche ich Ihnen viel Spaß beim WEF-Monopoly, denn Sie stecken schon lange mitten drin. Oh…das wussten Sie nicht? Wie unschön, gell?

"Die Wenigen, die das System verstehen, werden dermaßen an seinen Profiten interessiert oder so abhängig von seinen Vorzügen sein, dass aus ihren Reihen niemals eine Opposition hervorgehen wird. Die große Masse der Leute aber, geistig unfähig zu begreifen, wird seine Last ohne Murren tragen, vielleicht sogar ohne je Verdacht zu schöpfen, dass das System ihnen feindlich ist!"

Gebrüder Rothschild, London, am 28-Juni 1863 an US-Geschäftspartner

„Gebt mir die Kontrolle über die Währung einer Nation, und es ist mir gleichgültig, wer die Gesetze macht"

Amschel Meyer Rothschild (1744 - 1812), deutscher Adliger und Bankier

Und damit haben wir schon des Pudels Kern entdeckt. Die Wirtschaft kümmert sich nicht um den Einzelnen, wenn er nicht gerade zu den Superreichen gehört. Die Arbeitsbienchen können jederzeit ersetzt werden. Daher gibt es den Begriff, der es auf den Punkt gibt: Den des Produktionsfaktors „Humankapital".
Haben wir nicht eine Demokratie? Können wir nicht mitentscheiden? Nein. Haben wir nicht. Können wir nicht. Aber wir haben die Illusion. Und genau so soll das auch sein. Sonst könnte jemand meckern. Oder gar handeln. Und das ist definitiv nicht erwünscht.

Über den Zufall und das Schicksal.

In unserer kleinen Welt passieren täglich viele Dinge. Und wenn man der gängigen Ansicht des Volkes Glauben schenken mag, dann geschieht es eben einfach so und mehr oder weniger zufällig. Würde man anders denken, dann wäre man einer dieser blöden Verschwörungstheoretiker. Das würde den eigenen Status schaden, wenn man für einen dieser Spinner gehalten würde. Verschwörungen gibt es nicht und wer etwas anderes behauptet, der gehört zu diesen knalldusseligen Querdenkern, was heutzutage gleichbedeutend mit „Nazi" ist. Und wer will das schon?

Blicken wir einfach mal auf die nicht allzu weit entfernte Vergangenheit am Beispiel Corona. Netzfund:

Das ist alles nur Zufall: Das biologische Labor in Wuhan in China gehört Glaxosmithkline, die zufällig mit Pfizer, also der Firma, die den Impfstoff gegen das Virus herstellt, in Geschäftspartnerschaft stehen. Das biologische Labor in Wuhan wurde zufällig von Dr. Fauci finanziert, der zufällig den Impfstoff bewirbt. Die GlaxoSmithKline wird zufällig zu maßgeblichen Anteilen von den Black Rock-Finanzen gehalten, die zufällig die Finanzen der Open Foundation Company, also der Soros Foundation, verwalten. Zufällig besitzt Soros die deutsche Firma Winterthur, die zufällig das chinesische Labor in Wuhan errichtete und zufällig von der deutschen Allianz gekauft wurde, die zufällig Vanguard als Aktionär hat, der zufällig Aktionär von Black Rock ist, der zufällig in fast allen Zentralbanken vertreten ist und rund ein Drittel des globalen Investitionskapitals verwaltet.

Black Rock ist zufällig ein Großaktionär von MICRO-SOFT, der ehemaligen PC-Klitsche von Bill Gates, der zufällig der Haupt-Sponsor der WHO und zufällig ein Aktionär von Pfizer ist, die zufällig den Wunderimpfstoff verkaufen.

Angela Merkel war zufällig im Dezember 2019 in China und rein zufällig in Wuhan. Kurz darauf brachten zufällig deutsche Unternehmer aus Bayern das Virus aus China nach Deutschland. Es wurde zufällig ausgerechnet auf genau dieses spezielle, bis dahin offiziell völlig unbekannte Virus getestet. Ein bis dato ebenso unbekannter Herr Drosten hatte zufällig einen PCR Test in der Schublade, der ohne Vorlage des Virus selbst angeboten und zufällig akzeptiert wurde. Das ist nur allzu verständlich. Die Chinesen hängen ja immer mit ihrer Forschung hinterher und konnten daher leider keinen eigenen Test herstellen. So erklärt sich, wie es möglich wurde, dass eine tote Fledermaus, die auf einem Markt in China verkauft wurde, den gesamten Planeten mit einem Virus infiziert haben soll, das weniger tödlich als die jährliche Grippe ist, die zufällig in keiner Statistik als relevant erscheint. Aber so ist das eben mit den Zufällen und dem Schicksal. Es ist eben alles nur zufällig so gelaufen. Und das nennt man dann Schicksal.

Seinem Schicksal kann man eben nicht entkommen. Alles Kismet, oder was? Oder aber: Es ist eine Sammlung der vielen Bären, die dem Normalbürger täglich von den Medien aufgebunden werden. In der Politik geschieht absolut nichts zufällig. Es ist geplant. Und es zeigt, dass das Volk alles ist, nur nicht der Souverän, von dem immer gesprochen wird. Was sagt denn Klausi, der Spielleiter aus dem Globopoly dazu?

Nanu? Sie kennen Schwab noch nicht?

Sie interessieren sich nicht für Klaus Schwab? Das sollten sie aber. Denn Klaus Schwab interessiert sich für SIE! Und vor allem natürlich für Ihr Eigentum.

Erinnern Sie sich rein zufällig an Aurec Goldfinger? Goldfinger war einer der fiesen Oberschurken von Ian Flemming und hätte zweifelsohne böse Dinge angerichtet, wenn er nicht von James Bond filmgerecht zur Strecke gebracht worden wäre.

Klaus Schwab ist der neue Goldfinger. Er ist die Gallionsfigur der größten organisierten Verbrecherorganisation in der Geschichte der Menschheit. Schwab ist der Direktor vom World Economic Forum, einem Club von Multimilliardären und Konzernchefs, die ihre eigenen Vorstellungen haben, wie eine schöne, neue Welt auszusehen habe.

Ihr Frontmann Schwab hat seine ganz eigenen Vorstellungen, wie eine neue Weltordnung alles bisher Dagewesene in den Schatten stellt und einen Huxley oder Orwell wie Waisenknaben dastehen lässt. Schwab lässt Geheimagenten wie James Bond, im Dienst der englischen Königin, nach seiner Pfeife tanzen. Schwab steht über dem Gesetz. Der Mann kauft ebenso wie sein Kumpel George Soros Leute aus der Politik en Gros und hat mittlerweile ganze Sammelalben mit ihnen gefüllt. Und täglich kommen neue hinzu.

Klaus Schwab zum gemeinen Volk:

„In 10 Jahren werden Sie nichts besitzen, aber Sie werden auch keine Rechte haben."

Das ist doch mal eine Perspektive. Man besitzt nichts mehr. Das ist fein. Dann kann einem nichts mehr weggenommen werden. Und man hat keine Rechte mehr. Woran erinnert das nur? Richtig: An die Leibeigenen im Mittelalter. Oder an die Sklaven im alten Rom. Vielleicht auch an die Baumvollpflücker in den Südstaaten. Damit wäre dann der künftige Status der Menschheit geklärt.

Aber wohin ist denn das ganze Eigentum gewandert? Denn anders als bei Startrek gehört der ganze Wohlstandssegen nicht allen, sondern nur wenigen.

Klaus Schwab bekommt es jedenfalls nicht. Er ist nur ein Strippenzieher, der selbst letztendlich auch nichts anderes als eine Marionette ist. Er hängt an den Fäden der Betreiber des WEF, den Führern der Wirtschaft, den Industriebossen, Medienmogulen und Bankiers.

Aber auch da ist die Nahrungskette noch lange nicht an ihrem Ende angelangt. Darüber sitzt der Hochadel wie beispielsweise der König von England, dem mittlerweile um die 25% der gesamten Landmasse unserer kleinen Welt gehört. Dann wäre da Mutter Kirche nebst Papst, über dem weitere Personen sitzen, die nur ungern öffentlichkeitswirksam auftauchen und ihr luxuriöses Dasein leise fristen. Und nun die nächste ernüchternde Nachricht: Selbst da ist das Ende der Fahnenstange noch nicht erreicht. Aber das mag das Thema eines anderen Buches sein. Also zurück zum WEF. Bei dessen Mitgliedern reden wir über etwa 120 Milliardäre, denen die meisten Konzerne sowie alle Massenmedien gehören und die sich Politiker wie Haustierchen halten. Diese wiederum lassen Militär, Polizei, Gerichte und Verwaltung nach ihrer Pfeife tanzen. Und irgendwo ganz unten, kurz vor dem Ende der Nahrungskette, befinden sich dann Otto Normalverbraucher und seine Angetraute Lieschen ehem. Mustermann, die den ganzen Wohlstand, in dem sich die Weltwirtschaftsprominenz suhlt wie Dagobert Duck in seinem Geldspeicher, erwirtschaftet haben. Und unter Otto und Lieschen? Dort logiert die Armut in Form von Bettlern, Migranten, Unberührbaren und anderem Gelichter, die nur einen Zweck haben: Otto und Lieschen so viel Angst zu machen, dass sie treu und brav im Hamsterrad bleiben.

Für das WEF arbeiten etliche (vom Steuerzahler bezahlte) Denkfabriken oder auch „Thinktanks", in denen findige Wissenschaftler Strategien entwickeln, wie man das Volk bei der Stange hält und die Reichen noch etwas reicher macht. Man ist dabei höchst einfallsreich und ersinnt jeden Tag neue Maßnahmen.

Bereits im November 2016 veröffentlichte das WEF eine Prognose, wie sich die Welt bis ins Jahr 2030 entwickeln würde. Ihr entsprechend werden wir nichts mehr besitzen, von sauberer Energie leben und weniger Fleisch essen. Produkte sollen nur noch gemietet und geliehen werden. Privatsphäre? Nein danke. Sie soll der Prognose nach zum Luxus für einige wenige werden.

„Einkaufen ist eine ferne Erinnerung in der Stadt von 2030, deren Einwohner saubere Energie haben und sich bei Bedarf ausleihen, was sie brauchen. Jede Bewegung wird elektronisch verfolgt und außerhalb der Stadt herrscht Unzufriedenheit. Die Gesellschaft ist in zwei Teile gespalten."

Das WEF gestaltet sich die Welt, wie es ihm gefällt. Und dazu gehört das Recht zu entscheiden, wer was besitzten kann, darf und wie er zu funktionieren hat.

Wie müssen wir uns die schöne neue Welt vorstellen? Zuerst einmal schmutzig. Laut Klaus Schwab und seinem Weltwirtschaftsforum müssen sogar die Waschgewohnheiten umgekrempelt werden. Nur noch alle paar Wochen Wäsche waschen schont Kleidung und Umwelt. Wir werden zwar nichts mehr besitzen, aber glücklich sein und zum Steinerweichen müffeln. Bei den stark steigenden Energiepreisen und die permanente Blackout-Gefahr ist es außerdem möglich, dass demnächst der Betrieb der Waschmaschine zum unbezahlbaren Luxus wird, weil deren Betrieb gigantische Löcher in die Haushaltskassen der Bürger reißt, sofern überhaupt noch Strom vorhanden sein sollte. Sollte es also künftig an der Tür klingeln, ist Vorsicht geraten. Es könnte der Blockwart von der neuen Wasch-StaPo sein, der die Welt vorm bösen Hygiene-Hysteriker bewahrt. Bei der Gelegenheit kann der auch gleich überprüfen, ob niemand im Haushalt zu viel geatmet oder gar eine Flasche Bier oder Limonade mit dem fiesen CO_2 im Vorratsschrank hat.

Wann kommt die Garten-StaPo, um alle Pflanzen zu eliminieren? Schließlich sondern die kleinen grünen Teufelsbraten nachts CO_2 ab. Das darf nicht sein.

Die einzigen, die künftig über eine saubere, frisch gewaschene, aber keinesfalls weiße Weste verfügen, sind Schwabs Politiker. Und die stinken zum Himmel.

Was kommt noch so alles auf uns zu?

1. Es gibt keinen Besitz mehr

Nach der Prognose des WEF befinden wir uns in der Zukunft in voller Abhängigkeit Anderer. Alles, was wir als erwerbbares Produkt und somit als Eigentum kennengelernt haben, soll 2030 zu einer Dienstleistung geworden sein:

„Wir haben Zugang zu Transportmitteln, Unterkünften, Essen und allem, was wir in unserem täglichen Leben brauchen. Nacheinander wurden all diese Dinge frei, sodass es für uns keinen Sinn mehr machen wird, viel zu besitzen."

Kurz auf den Punkt gebracht: Es ist ausdrücklich nicht erwünscht, dass „normale" Menschen zu Wohlstand oder schlimmer noch Unabhängigkeit kommen. Das ermöglicht die Flucht aus dem Hamsterrad und bietet zu viel Muße zum Nachdenken. Und wer nachdenkt, entwickelt zwangsläufig kritische Gedanken. Wo kämen wir da hin, wenn das jeder machen würde?

2. CO2 – Wenn das Atmen Geld kostet

Nach der Prognose des WEF aus 2016 wird China die Führung über den CO2-Handel übernommen haben. In Folge soll ein Markt für den Handel mit dem Recht, eine Tonne CO2 zu emittieren, etabliert worden sein und die Welt auf den Weg zu einem einheitlichen Kohlenstoffpreis und einem starken Anreiz, fossile Brennstoffe wegzulassen, führen. Europa habe sich unterdessen im Zentrum des Handels mit billigen, effizienten Solarmodulen befunden, nachdem die Preise für erneuerbare Energien stark fielen.
Es wird bereits daran gearbeitet, jedem Menschen ein Kontingent CO2 zur Verfügung zu stellen. Was wie ein schlechter Science-Fiction-Roman klingt, wirft seine Schatten voraus. Per Chip bzw. App auf dem Handy wird jeder Schritt verfolgt und ausgewertet.

Wer sein Kontingent überschreitet, wird im günstigsten Fall mit Hausarrest bis zur nächsten Vergabe von Atemrechten zur Immobilität verurteilt. Und dann ist es nur noch eine Frage der Zeit, bis erlaubte Atmung und Lebenszeit fremddefiniert werden.

Das EU-Parlament und die Bundesregierung sind in E-Autos verliebt. Für den Pkw setzen die grünen Ministerien der Bundesregierung sowie die Beschlussvorlage des EU-Parlaments praktisch ausschließlich auf batterieelektrische Antriebe. Laut Beschluss der EU vom 14. Februar 2023 sollen „in der EU ab 2035 nur noch Neuwagen verkauft werden dürfen, die im Betrieb keine Treibhausgase ausstoßen".

Da die Stromversorgung für 30 Millionen Elektro-Nuckelpinnen allein in Deutschland nicht zu bewerkstelligen ist, hat der Bürger demnächst die Wahl: Heizung und Licht oder lieber Autofahren? Beides zusammen lässt sich nicht mehr bewerkstelligen. Die Lösung ist einfach: Der Individualverkehr wird eingestellt. Genau das beabsichtigt die Politik nach chinesischem Vorbild. Das Privileg der Mobilität ist künftig nur noch Vorzeigebürgern vorbehalten. Bewegungsfreiheit ade – künftig wird zuhause geblieben.

Der Jahresurlaub findet im Wohnzimmer vor dem Fernseher statt, gearbeitet wird vom Home-Office aus, eine eventuelle körperliche Bewegung außerhalb der nicht mehr eigenen vier Wände darf nur noch in einem klar definierten Radius erfolgen und zu futtern gibt es ausschließlich noch leckeres Vegan-Fressi mit Insektenbeilage.

Was fehlt noch? Ach ja…das obligatorische Chipimplantat mit allen Gesundheitsdaten, dem Bankkonto für die staatliche Kryptowährung, der Organspendererklärung, dem digitalen Impfpass und der Zustimmung für die monatliche MRNA-Dauerbeimpfung direkt über die Atemluft durch bestäubende Flugzeuge ganz ohne Nadelpieks. Kaum zu glauben? Weiterlesen. Es hat schon längst begonnen. Da erbleicht posthum der Huxley und Orwell rotiert im Grabe.

3. Die USA ist keine Weltmacht mehr

„Wir haben eine Handvoll globaler Mächte. Nationalstaaten werden ein Comeback erlebt haben", schreibt Robert Muggah, Forschungsdirektor am Igarapé-Institut. *„Anstelle einer einzigen Streitmacht zeigen eine Handvoll Länder – darunter die USA, Russland, China, Deutschland, Indien und Japan – halbimperiale Tendenzen. Gleichzeitig wird die Rolle des Staates jedoch durch Trends wie den Aufstieg von Städten und die Verbreitung von Online-Identitäten bedroht."*

4. Krankenhäuser werden überflüssig

Durch moderne Medizin und Technologie sollen Krankheiten weiter in Zaum gehalten werden. Darauf beruft sich das WEF über die Ärztin Melanie Walker, die außerdem die Weltbank berät. Krankenhäuser wie wir sie kennen, sollen der Geschichte angehören. Skalpelle und Organspenden sollen in Zukunft „out" sein, während winzige Roboter und biotechnologisch erzeugte Organe die Menschen heilen sollen. Das allerdings nur unter der Voraussetzung, dass die Subjekte funktional und somit auch wirklich heilenswert sind. Wer nicht oder nicht ausreichend produziert, hat eben Pech gehabt.

5. Kein Fleisch auf dem Tisch

Aus einem gesteigerten Bewusstsein für Umweltbelange und für nachhaltigere Landwirtschaft sollen die „normalen" Menschen der Zukunft nach der Vorstellung des WEF weniger Fleisch essen.

6. Asylwerber in Führungspositionen

Nach der Vorhersage des Weltwirtschaftsforums werden die ehemals syrischen Asylwerber im Jahr 2030 in Führungspositionen sein. Es zählt dabei nicht die Qualifikation. Es ist der absolute Gehorsam in Kombination mit dem Angstgebäude der Wettbewerber, von heute auf morgen ausgetauscht werden zu können. Der Klimawandel soll bis dahin außerdem eine Milliarde Menschen zu Flüchtlingen gemacht haben. Das klingt nach mächtig vielen neuen Führungskräften.

7. Die westlichen Werte sind ausradiert

Die Werte des Westens sollen nach der Vorstellung des WEF bis ins Jahr 2030 ordentlich in Mitleidenschaft gezogen worden sein. Es könnte auch sein, dass sie bis dahin gar nicht mehr existieren. Die Eliminierung der westlichen Kultur hat höchste Priorität. Das war es dann mit Kunst, Kultur, Literatur, Dichtern und Denkern. Der künftig angestrebte IQ des Normalbürgers wird gerade einmal ausreichen, um unter Anleitung eine Banane pellen zu können. Für das Kopulieren sollte es gerade noch reichen. Irgendwoher müssen ja die künftigen Generationen von Arbeitstierchen für die oberen Zehntausend, wenn auch in limitierter Auflage, herkommen.

8. Menschen auf dem Mars

Bis 2030 sollen wir außerdem in der Lage sein, den Mars zu bereisen, meint das Weltwirtschaftsforum und beruft sich dabei auf Einschätzungen der NASA. So ein Glück für die NASA. Das bedeutet wieder etliche Milliarden hart erarbeiteter Steuergelder und der Rubel rollt.

Ein Problem mit Schwab besteht darin, dass er nur ein hochplatzierter Komparse im großen Monopoly ist. Er ist der Partyplaner, Vorturner und Erfolgstrainer von Politik und Medien, aber eben nicht der Oberschurke. Erinnern wir uns schnell noch einmal an den Film „Goldfinger", in dem James Bond die Welt vom fiesen Oberschurken Aurec Goldfinger befreit.

Diesbezüglich stellt sich die reale Welt anders dar als im unterhaltsamen Kinofilm. Die Oberschurken gibt es. Aber das sind nicht die garstigen, irgendwie originell durchgeknallten Superverbrecher a la Goldfinger. Es sind die Herrschaften, die hinter den Strippenziehern vom Format eines Schwab, Gates oder Soros stehen. Es sind die Mega-Reichen aus Industrie und Wirtschaft, für die Milliardenbeträge nur ein Taschengeld sind. Und die bleiben gern unbeachtet. Ebenso wie die Ebene über ihnen. Also braucht man ein paar Illusionisten und Handlanger. Schwab ist einer davon.

Am 13. Juni 2019 unterzeichneten Klaus Schwab als Direktor vom World Economic Forum mit dem Generalsekretär der UNO, António Guterres, eine Partnerschaft zwischen den beiden Organisationen. Das geschah ohne nennenswerte Aufmerksamkeit in den Medien trotz der ungeheuerlichen Implikationen für die Menschheit. Im Prinzip bedeutet es, dass die absolute Macht über das Leben der „normalen Sterblichen" mit einem Federstrich an die globalen Großkonzerne und deren Besitzer übergeben wurde.

Das Abkommen beinhaltet sechs Fokusbereiche:

Die Finanzierung der UNO-Agenda 2030
Klimaveränderungen
Gesundheit
Digitale Zusammenarbeit
Gleichberechtigung und "Frauenbefreiung"
Ausbildung und Kompetenzentwicklung

Der Zweck der Partnerschaft ist es, die Nachhaltigkeitsagenda der UNO und die 17 globalen Ziele zu beschleunigen.

"Meeting the Sustainable Development Goals is essential for the future of humanity. The World Economic Forum is committed to supporting this effort, and working with the United Nations to build a more prosperous and equitable future." (Klaus Schwab).

„Das Erreichen der Ziele für nachhaltige Entwicklung ist für die Zukunft der Menschheit von entscheidender Bedeutung. Das Weltwirtschaftsforum verpflichtet sich, diese Bemühungen zu unterstützen und mit den Vereinten Nationen zusammenzuarbeiten, um eine wohlhabendere und gerechtere Zukunft aufzubauen.

Im Abkommen wird unter anderem festgelegt, dass die vierte industrielle Revolution des World Economic Forums eine wichtige Komponente ist, um die Agenda durchzuführen. Die Digitalisierung wird als Schlüssel gesehen.

Einige Monate später, während des Treffens in Davos im Januar 2020, wurde dieses durch die Publikation des Berichts Unlocking Technology for the Global Goals sehr deutlich, der von PWC zusammengestellt wurde. Es bedeutet, dass die großen Technologie-Unternehmen, die Teil der Arbeitsgruppen des World Economic Forums sind, die Probleme der Welt mit Hilfe von künstlicher Intelligenz, Satelliten, Drohnen, dem Internet of Things und mit synthetischem Essen auf dem Teller lösen sollen.

Das Coronavirus als Auslöser-Ereignis

Indem die Weltgesundheitsorganisation Covid-19 zur Pandemie erklärte hatte sich ein Fenster der unbegrenzten Möglichkeiten für das World Economic Forum geöffnet, um schnellstmöglich seine neue Weltordnung einzuführen. Alles war sehr genau vorbereitet. Schon 2006 hatte der erste Bericht des WEF die globalen Risiken behandelt, welche Maßnahmen bei einer eventuellen Pandemie (einige von den Empfehlungen wurden 2009 in Zusammenhang mit der Schweinegrippe getestet) nötig sind. Dann arbeiteten die Arbeitsgruppen weiter, um Ihr Netz zu spinnen.

Die Rockefeller Foundation publizierte 2010 *Scenarios for the Future of Technology and International Development*. Darin wird das Szenario eines zukünftigen Lockdowns nahezu prophetisch beschrieben.

At first, the notion of a more controlled world gained wide acceptance and approval. Citizens willingly gave up some of their sovereignty—and their privacy—to more paternalistic states in exchange for greater sa-

fety and stability. Citizens were more tolerant, and even eager, for top-down direction and oversight, and national leaders had more latitude to impose order in the ways they saw fit. (Rockefeller Foundation)

Zunächst fand die Vorstellung einer stärker kontrollierten Welt breite Akzeptanz und Zustimmung. Die Bürger gaben bereitwillig einen Teil ihrer Souveränität – und ihrer Privatsphäre – zugunsten von mehr Sicherheit und Stabilität an paternalistischere Staaten ab. Die Bürger waren toleranter und sogar bestrebt, von oben nach unten zu leiten und zu überwachen und die nationalen Führer hatten mehr Spielraum, um Ordnung auf die Weise zu schaffen, die sie für richtig hielten.

Ein Jahr bevor das Virus anfing die Welt zu bereisen, publizierte das World Economic Forum den Bericht *Outbreak Readiness and Business Impact – Protecting Lives and Livelihoods across the Global Economy.* Die umfassenden Vorbereitungen waren soweit fertig. Im Oktober 2019, wurde mit der Übung *Event 201* eine Generalprobe durchgeführt.

Nachdem nach einigen Monaten extreme Maßnahmen in den verschiedenen Gesellschaften "beschlossen wurden" und autoritäre Kontrollregeln simultan über die ganze Welt verhängt wurden, traten am 3. Juni Klaus Schwab und António Guterres unter anderem zusammen mit dem ehemaligen Prince und neuem King Charles hervor und boten eine Lösung für alle Probleme an – The Great Reset. Schwab verkündete:

Die COVID-19-Krise hat uns gezeigt, dass unsere alten Systeme nicht angepasst sind für das 21. Jahr-

hundert. Sie hat auf ein grundlegendes Fehlen an sozialem Zusammenhalt, Gerechtigkeit, Inklusion und Gleichberechtigung, gezeigt. Jetzt ist der historische Augenblick da, nicht nur um das eigentliche Virus zu bekämpfen, sondern auch um das System gemäß den Bedürfnissen umzuformen, die im Zusammenhang mit Corona entstanden sind. Wir haben eine Wahl passiv zu verbleiben, was dazu führen wird, dass viele Trends die wir heute sehen, verstärkt werden. Polarisierung, Nationalismus, Rassismus und am Ende eine zunehmende soziale Unruhe mit Konflikten. Aber wir haben eine andere Wahl, wir können einen neuen sozialen Vertrag ausarbeiten, der vor allem die nächste Generation integriert. Wir können unser Verhalten ändern um wieder in Harmonie mit der Natur zu sein, und wir können schauen, dass die neue Technik der vierten industriellen Revolution in bester Weise verwendet wird um uns ein besseres Leben zu gestalten.

Klaus Schwab resümiert: *„Wir werden die Pandemie in der Tat ‚gut nutzen‘, indem wir uns die Chance, die die Krise bietet, nicht entgehen lassen."*

Es ist wohl nicht allzu böswillig interpretiert, wenn man Schwabs Diktum mit einem Zitat von Wolfgang Schäuble ergänzt:

„Die Corona-Krise ist eine große Chance. Der Widerstand gegen Veränderung wird in der Krise geringer. Wir können die Wirtschafts- und Finanzunion, die wir politisch bisher nicht zustande gebracht haben, jetzt hinbekommen."

Was man „politisch", also demokratisch nicht zustande gebracht hat, will man nun undemokratisch unter Ausnutzung der Angst der Bürger um ihre Gesundheit und um ihr Leben am Souverän vorbei durchsetzen. Angesichts dessen ist es legitim zu fragen, ob die damalige Bundeskanzlerin diese Chance zu nutzen gedachte? Man kann sich des Eindrucks nicht erwehren. Wie glaubwürdig sind die Maßnahmen der Regierung, wenn man die Pandemie als große Chance für einen neuen Gesellschaftsvertrag, für eine Große Transformation (Merkel) oder für den Great Reset (Schwab) sieht? Kritiker werden als Verschwörungstheoretiker diffamiert, denen Schranken gesetzt werden sollten.

Klaus Schwab schreibt in seinem Buch:

„Viele von uns fragen sich, wann wir wieder zur Normalität zurückkehren. Die kurze Antwort ist: Nie. Nichts wird je wieder zu dem kaputten Gefühl von Normalität zurückkehren, das vor der Krise geherrscht hat, weil die Coronavirus-Pandemie einen fundamentalen Wendepunkt in unserer globalen Entwicklung markiert. Manche Analysten nennen es eine Weggabelung, andere eine Krise biblischen Ausmaßes, aber im Kern läuft es darauf hinaus, dass es die Welt, wie wir sie in den ersten Monaten von 2020 kannten, nicht mehr gibt. Sie hat sich im Kontext der Pandemie aufgelöst."
Das Zitat dürfte lang genug sein, um des Verdachtes enthoben zu sein, dass es aus dem Zusammenhang gerissen wurde. Wir schreiten also zur „böswilligen" Auslegung. Schwab behauptet, unsere Welt existiert nicht mehr und wir werden nie zu dem „kaputten Gefühl von Normalität" zurückkehren.

Ist es verschwörungstheoretisch zu entgegnen, dass unsere Welt durchaus noch existiert und wir zur Normalität zurückzukehren können und es auch wollen? Was genau stört ihn denn an dieser Normalität?

In einem Beitrag in der Weltwoche blamierte sich Schwab mit der Behauptung, dass der „Great Reset" „böswillig" als eine „totale Umgestaltung der Gesellschaft ausgelegt" würde. Aber wenn „nie" zur Normalität, zur „Welt, wie wir sie in den ersten Monaten von 2020 kannten", zurückgekehrt werden könne, hieße das doch, dass man etwas Neues errichten wolle und Schwabs neue Welt eine total umgestaltete Gesellschaft sein würde. Will Schwab nun eine neue Gesellschaft oder nicht?

Welchen Wert hat so eine total umgestaltete oder neu geordnete Welt? Und für wen? Wenn Schwab den Gegensatz von „gesellschaftlicher Verantwortung" und „freier Marktwirtschaft" beschwört, dann hat der Leiter des Weltwirtschaftsforums die freie Marktwirtschaft nicht begriffen. Wenn er ein *Forum of Young Global Leaders* auflegt, dem ausgerechnet eine Annalena Baerbock angehört, die Verbote liebt, die Zensur und den Krieg bejubelt, dann steckt dahinter sowohl eine verschwörerische, wie auch eine politische Absicht. Wenigstens die politische Absicht darf man in einer Demokratie kritisieren. Kritik ist allerdings heutzutage allerdings laut Mainstream nichts anderes als das Äußern von Verschwörungstheorien.

Klaus Schwab hat die Funktion des *Forum of Young Global Leaders* so beschrieben:

„Wenn die „Young Global Leaders" das Fünfjahresprogramm abgeschlossen haben, werden sie eingeladen, der Alumni-Gemeinschaft beizutreten, wo sie ihre Führungsreise fortsetzen und ihr Engagement für das

Weltwirtschaftsforum sowie die Aktivitäten und Veranstaltungen der „Young Global Leaders" aufrechterhalten können. Alumni dienen als Stewards des Forum of „Young Global Leaders", unterstützen den Auswahlprozess und fungieren als wertvolle Mentoren für neue Mitglieder. Unsere Alumni sind für unseren anhaltenden Erfolg von entscheidender Bedeutung, da sie neue Kooperationen oft unterstützen und anleiten und dazu beitragen, die wirkungsorientierte Denkweise der Gemeinschaft zu fördern."

Das klingt alles nach einer Loge. Die „Denkweise der Gemeinschaft" erinnert stark an die Freimaurerei oder andere verschworene Gemeinschaften voller Intransparenz und nebulöser Absichten.

Jüngst hat sich Klaus Schwab in einem Artikel für die Schweizer Weltwoche als Opfer von Verschwörungstheoretikern, als eine nicht ganz unschuldig verfolgte Unschuld dargestellt und damit eine ganz eigene Verschwörungstheorie ersonnen. Er beklagt bitter, dass Zitate aus dem Zusammenhang gerissen und böswillig ausgelegt werden, weil er den Great Reset in seinem Buch „Covid-19 - Der große Umbruch" propagiert hat. Das kann man nicht ganz ernst nehmen, denn es ist das Wesen eines Zitats, aus einem Zusammenhang gerissen zu werden. Sonst müsste man den ganzen Text anfügen. Schwab sollte er froh sein, zitiert zu werden. So wird er wenigstens beachtet. Dass allerdings Verschwörungstheorien die Gesellschaft infizieren, darf man als Verschwörungstheorie verstehen.

Was ist das eigentlich, so eine Verschwörung? Eine Verschwörung ist laut Definition eine geheime Zusammenarbeit mehrerer Personen zum Nachteil Dritter. Na so was. Die Abschaffung diverser sogenannter

Grundrechte, Beschneidung der Demokratie, Abschaffung des privaten Eigentums etc. könnte eine Verschwörung sein? Donnerwetter.

Klaus Schwab, der Vorturner aller Verschwörer, behauptet allen Ernstes, dass sich eine Verschwörung gegen die herrschenden Eliten, zu denen er sich rechnet, zusammengerottet hat. Diese Verschwörer behaupten, dass die Eliten, zu denen er sich zählt, „die Macht sichern und einen totalitären Staat entwickeln".

Verschwörungen sind so alt wie die Menschheit und die Politik. Sie ist Tagesgeschäft. Das weiß auch ein Herr Schwab nur zu gut. Das Einmaleins von Politik oder Herrschaft besteht darin, mit allem Mitteln die eigene Macht zu sichern. Das ist seit Jahrtausenden Realität. Wieso behauptet Schwab, dass diese Erkenntnis Bestandteil einer Verschwörungstheorie ist? Sie gibt lediglich die Realität wieder. Wie um alles in der Welt sollten Politiker oder Herrschende sonst agieren? Und weshalb darf man diese „Eliten" nicht bei ihren eigenen Worten nehmen? Schämt sich Klaus Schwab seiner Worte oder hat er sie vergessen? Sicherlich nicht. Er wirft ein paar Nebelkerzen und diffamiert Kritiker mit ausgerechnet den Attributen, die voll und ganz auf ihn selbst, seine Weggefährten und seine Auftraggeber zutreffen.

Klaus Schwab versucht, die Einschränkung bis hin zur unlängst erfolgten Aufhebung der Bürgerrechte durch die Merkel-Regierung als demokratisch und liberal darzustellen. Klingt ziemlich totalitär, oder?

Wir sind auf der grandiosen Rutsche in die Ökodiktatur und werden laut Schwab nie wieder in unsere Normalität zurückkehren. Und unsere Bürgerrechte? Die waren eh nur Makulatur. Doch nun ist die Maske gefallen und die schöne Fassade bröckelt weg wie die

Fassade eines Hauses mit 200 Jahren Investitionsstau. Wer sich ertappt fühlt, der sieht sich von Verschwörern umstellt und schreit das „V-Wort" mit der schrillen Stimme und dem Radau von Oskar Mazerath aus der Blechtrommel. Wenn die Wirklichkeit selbst zur Verschwörung wird, erblickt der Verschwörer um sich herum nur noch Verschwörungstheoretiker.

Apropos Verschwörung: Woher stammt Begriff mit der medial exponentiell steigende Verwendung?

Er ist, wie so vieles, eine Schöpfung aus dem Land der unbegrenzten Möglichkeiten, den USA. 1967 verteilte die CIA eine geheime Handreichung zur Diskreditierung von Zweiflern. Ausgerechnet der "1. April" ziert als Datum das CIA-Dokument 1035-960, in welchem die CIA 1967 den Begriff *"Conspiracy Theory"* - *"Verschwörungstheorie"* - einführte. Man reagierte damit auf das verbreitete Unbehagen über die offizielle Interpretation des Kennedy-Attentats.

Nach Präsentation des Warren-Reports erschien eine Welle von Büchern, die bei US-Bürgern nachhaltige Zweifel an der Alleintäterschaft Oswalds verursachte. Es fällt einem Einzeltäter in der Regel schwer, gleichzeitig von verschiedenen Standorten und aus verschiedenen Richtungen so effektiv zu agieren. Das warf Fragen auf. Doch die Zweifel an der offiziellen Fassung der Tragödie waren nicht opportun.

Um das Ansehen des Staates, des vom Attentat profitierenden Nachrückers Präsident Johnson und den Ruf der eigenen Organisation nicht zu schädigen, entwarf der US-Geheimdienst eine Anleitung, wie Zweiflern am Warren-Report zu begegnen sei. Die CIA schlug ihrem Personal vor, das Thema diskret mit den ausländischen Eliten und Medienvertretern zu diskutieren. Diesen gegenüber sollte der Warren-Report als werthaltig gepriesen und "Conspiracy Talk" als kommunistische Propaganda hingestellt werden. Dem Dokument war eine Sammlung an freigegebenem Material beigefügt, das die positive Bewertung des Warren-Reports stützen sollte.

Der US-Geheimdienst verfügte damals über 250 "Media Outlets" und finanzierte verdeckt etliche ausländische Medien. Kritiker sollten beschuldigt werden, mit Theorien gearbeitet zu haben, die sie vor dem Vorliegen von Beweisen aufgegriffen hätten. Die Kritiker seien politisch motiviert, von finanziellem Interesse getrieben, hätten inakkurat recherchiert und seien von ihre eigenen Theorien geblendet.

Man versuchte, Kritiker persönlich zu diskreditieren, als Spinner, Wichtigtuer oder sonst wie Gestörte darzustellen und über die Massenmedien lächerlich zu machen. Die Sache flog leider auf und da hatte man den Salat: Die Verschwörung war, ganz so wie die meisten ihrer Geschwister, nackte Realität.

Es existieren grundsätzlich zwei Arten von Verschwörungstheorien: Die, an die man glaubt, und die, die man aus politischen oder wirtschaftlichen Interessen bewusst in die Welt setzt. Natürlich können die Übergänge fließend sein. Es ist auch schon vorgekommen, dass diejenigen, die aus politischen Kalkül oder einfach, weil ihnen keinerlei vorgeschobene Begründung für ihr Handeln mehr zu Verfügung stand, anfingen, an ihre eigenen Verschwörungstheorien zu glauben. Letzteres indiziert allerdings einen bedenklichen Wirklichkeitsverlust. Denn so sehr es unserem Unterhaltungsbedürfnis widerspricht, ist die Realität kein Roman, der nur die Reste der Verschwörungstheorien des 18. Jahrhunderts zusammengekehrt hat.

Nun ist es vielen Menschen einfach unangenehm, für einen Verschwörungstheoretiker gehalten zu werden. Schließlich ist das mindestens so schlimm wie „Nazi" oder „Querdenker". Dabei sind es ausgerechnet die Verschwörungstheoretiker, die von ihrem Hirnkasten regen Gebrach machen. Das macht natürlich unbeliebt, vor allem bei denjenigen, die sich als Deppen ertappt fühlen und denjenigen, die nicht verstehen, worum es überhaupt geht. Leider haben sich mehr oder weniger alle vermuteten Verschwörungen aus der Vergangenheit als zutreffend erwiesen. Damit ist die Trefferquote derjenigen, die sie sie vermutet haben, extrem hoch und die der Gegenseite irgendwo im homöopathischen Bereich. Dumm gelaufen, gell?

Schauen wir mal kurz in die Vergangenheit, bevor wir uns so langsam an den Vermögensschutz vorarbeiten. Wie war das doch gleich beim ollen Julius Cäsar?

„Geh heute besser nicht raus, Cäsar!"

Hätte der römische Kaiser nur nicht mit *„Ach…Ihr ollen Unken mit Euren ewigen Verschwörungstheorien"*, geantwortet und wäre zuhause geblieben, dann wäre sein Leben anders verlaufen. Hat er aber nicht. Auch der Hinweis: *„Erspar Dir lieber die Cabrio-Fahrt durch Dallas, John"*, wurde mit dem allseits beliebten Wort abgetan. Natürlich gibt es noch mehr Beispiele als den amerikanischen Präsidenten JFK, der sich von einem Einzeltäter aus drei verschiedenen Richtungen gleichzeitig erschießen ließ.

Da wäre Jörg Haider mit den schon fast erheiternden Absurditäten um seinen Unfall, Jürgen Möllemann im freien Fall, Barschel im Badezimmer, Rasputin, Lady Di und Dutzende anderer prominent Verblichener.

Weil es so schön ist: Was würde Diana tun, wenn sie heute noch am Leben wäre? Richtig: Am Sargdeckel kratzen. Und schnell noch ein pietätloser Nachschlag: Dodi Alfayette steht vor Petrus und beschwert sich. *"Shit, I wanted to fuck Di in the car and not to die in the fucking car!"*

Wenn man sich intensiv mit dem CIA-geschöpften Begriff „Verschwörungstheorie", der seit Jahren hartnäckig durch den Mainstream dümpelt, beschäftigt kommt man dabei zu folgender Erkenntnis:

Die Verschwörung ist anscheinend der Normalzustand. „Verschwörung" bedeutet nichts anderes, als dass sich einige Menschen klammheimlich zusammentun, um Dinge zu verwirklichen, die ihnen Vorteile und anderen Nachteile bringen. Das ist üblich – spätestens seit Erfindung der Religion.

Leider gibt es unbequeme Menschen, die ungefragt merkwürdigen Vorfällen auf den Grund gehen. Dagegen helfen dann nur noch Beleidigungen, Diffamierungen und Ablenkungen in Dauerwiederholung. Die bekommt man wie immer über die Medien. Deren Klientel an schlichten Gemütern stimmt dann lautstark ein und wenn sie nicht gestorben sind, dann plärren sie noch in 100 Jahren. Es ist wie das nervenzerfetzende Getrommel und Gekreische von Oskar Matzerath. Das kann selbst der intelligenteste Mensch auf Dauer kaum ertragen.

„Verschwörungstheorie" ist der Begriff, der es dummen Menschen endlich ermöglicht, sich zumindest einmal im Leben klüger als die Klugen zu fühlen, ohne es zu sein. Er ist quasi die wortgewordene Antifa im Kampf gegen das Denken. Die Dummheit wächst, die Bildung schwindet und der Gedanke, den Dingen auf den Grund zu gehen, ist politisch inkorrekt. Wer denkt, ist doof und außerdem ein Nazi. Beschlossen haben das die Dummen, die auch mal klug sein wollten. Was lernen wir daraus?

Gegen Dummheit ist kein Kraut gewachsen. Und: Immer, wenn der Klügere nachgibt, ist er der Dumme. Deshalb blicken wir noch einmal auf Klaus Schwab, damit wir eine ungefähre Ahnung haben, was in der für uns geplanten Welt des WEF noch so alles auf uns zukommen könnte.

Lieber Leser: Lehne Dich an, halte Dich gut fest und verschließe bitte auf keinen Fall Deine Augen. Das, was jetzt kommt, ist hollywoodverdächtig.

Liebe Leser, gebt fein Acht,
der Schwab hat Euch was mitgebracht.
Science Fiction, wild und fein,
das soll Eure Zukunft sein.

Oder auch: Schlummert nicht in allen von uns ein kleiner Spock? Aber hier geht es nicht um den emotionsarmen Vulkanier. Hier geht es um Mensch-Maschinen wie den Borg. Funktionale Selbstaufgabe bis ans Ende. Und danach wird Resteverwertung betrieben. Man will ja schließlich nichts umkommen lassen. Kaum zu glauben? Dann, lieber Leser, leg den Sicherheitsgurt an. Sonst haut es Dich noch von dem Stuhl, der Dir demnächst vielleicht nicht mehr gehören wird.

Schwab – Der Transhumanist

Je tiefer man in die Schöne Neue Welt des Klaus Schwab eintaucht, desto albtraumhafter wird sie. Irgendwann wird einem klar, dass der WEF-Chef ein ausgewiesener Transhumanist ist, der das herkömmliche menschliche Leben für überholt hält. Er hämmert es einem förmlich ein. In seinem Guide to Building a Better World heißt es:

Die Zukunft wird unser Verständnis dessen, was es bedeutet, Mensch zu sein, sowohl in biologischer als auch in sozialer Hinsicht, herausfordern.

Und in der Fourth Industrial Revolution schreibt er:

Die verwirrenden Innovationen, die durch die vierte industrielle Revolution ausgelöst wurden, von der Biotechnologie bis zur KI, definieren neu, was es bedeutet, Mensch zu sein.

Noch immer nicht klar? Dann noch ein Zitat aus seinem Buch von 2018:

Schon jetzt zwingen uns die Fortschritte in den Neuro- und Biotechnologien dazu, zu hinterfragen, was es bedeutet, Mensch zu sein.

Schwab präzisiert:

„Die Technologien der Vierten Industriellen Revolution werden nicht aufhören, Teil der physischen Welt um uns herum zu werden – sie werden Teil von uns werden. In der Tat haben einige von uns bereits das

Gefühl, dass unsere Smartphones zu einer Erweiterung unserer selbst geworden sind. Die heutigen externen Geräte – von tragbaren Computern bis hin zu Virtual-Reality-Headsets – werden mit ziemlicher Sicherheit in unseren Körper und unser Gehirn implantiert werden. Exoskelette und Prothesen werden unsere körperliche Leistungsfähigkeit erhöhen, während Fortschritte in der Neurotechnologie unsere kognitiven Fähigkeiten verbessern werden.

Wir werden besser in der Lage sein, unsere eigenen Gene und die unserer Kinder zu manipulieren. Diese Entwicklungen werfen tiefgreifende Fragen auf: Wo ziehen wir die Grenze zwischen Mensch und Maschine? Was bedeutet es, Mensch zu sein?"

Der „*Veränderung des Menschen*" ist in seinem Buch „*Shaping the Future of the Fourth Industrial Revolution - A Guide to Building a Better World*" ein ganzer Abschnitt gewidmet. Dort plaudert er über „die Fähigkeit der neuen Technologien, buchstäblich ein Teil von uns zu werden" und malt eine Art Cyborg-Zukunft mit „merkwürdigen Mischungen aus digitalem und analogem Leben, die unsere Natur neu definieren werden", an die Wand. Begeistert führt er aus:

Diese Technologien werden innerhalb unserer eigenen Biologie operieren und die Art und Weise verändern, wie wir mit der Welt in Kontakt treten. Sie sind in der Lage, die Grenzen von Körper und Geist zu überschreiten, unsere körperlichen Fähigkeiten zu verbessern und sogar einen dauerhaften Einfluss auf das Leben selbst zu haben.

Schwab freut sich darüber, dass *„Sensoren, Speicherschalter und Schaltkreise in gewöhnlichen menschlichen Darmbakterien kodiert werden können"*, dass sich Smart Dust, sprich ein Konglomerat vollständiger Winz-Computer mit Sendern und Empfängern, jeweils viel kleiner als ein Sandkorn, nun selbst im Körper organisieren kann und dass die entsprechenden Geräte auch dabei helfen könnten, Gedanken, die normalerweise verbal kommuniziert werden, künftig durch ein implantiertes Nano-Smartphone auszudrücken.

Der nächste Schritt wäre dann möglicherweise, unausgesprochene Gedanken oder Stimmungen durch das Lesen von Gehirnströmen und anderen Signalen plötzlich und ohne Zustimmung zu offenbaren.

Der Chef des Weltwirtschaftsforums sieht sich selbst als Opfer, dessen Sätze "böswillig ausgelegt" würden. Eine Verschwörung sei das von ihm vorgezeichnete Programm des "Great Reset" nicht. Nicht? Er hat es doch geschrieben. Man muss es einfach nur lesen. Schwab ist der König des Schleiernebels. Oft nutzt er blumige Worte, um die Perfidie seiner Albtraum-Agenda zu verhüllen. So schreibt er in seinem gemeinsam mit Nicholas Davis verfassten Buch *Shaping the Future of the Fourth Industrial Revolution: A Guide to Building a Better World (2018)* fast schon in Orwell'schem Neusprech von *„der Einbeziehung von Interessengruppen und der Verteilung des Nutzens"* und von *„nachhaltigen und integrativen Partnerschaften"*, die uns alle in eine *„integrative, nachhaltige und wohlhabende Zukunft"* führen sollen.

Zitat aus Schwabs Guide to Building a Better World:

„Schließlich sind Technologien daran gebunden, wie wir Dinge wissen, wie wir Entscheidungen treffen und wie wir über uns selbst und andere denken. Sie sind mit unseren Identitäten, Weltanschauungen und möglichen Zukunftsvarianten verbunden. Von Nukleartechnologien bis zum Weltraumrennen, Smartphones, sozialen Medien, Autos, Medizin und Infrastruktur – die Bedeutung von Technologien macht sie politisch. Selbst das Konzept einer ‚entwickelten' Nation beruht implizit auf der Übernahme von Technologien und darauf, was sie für uns wirtschaftlich und sozial bedeuten."

In seiner „Fourth Industrial Revolution" schwärmt er:

„Bedenken Sie die unbegrenzten Möglichkeiten, Milliarden von Menschen über mobile Geräte miteinander zu verbinden, was zu beispielloser Rechenleistung, Speicherkapazität und Wissenszugang führt. Oder denken Sie an das erschütternde Zusammentreffen neu aufkommender technologischer Durchbrüche, die sich auf so unterschiedliche Bereiche wie künstliche Intelligenz (KI), Robotik, das Internet der Dinge (IoT), autonome Fahrzeuge, 3D-Druck, Nanotechnologie, Biotechnologie, Materialwissenschaft, Energiespeicherung und Quantencomputer, um nur einige zu nennen, erstrecken. Viele dieser Innovationen stecken noch in den Kinderschuhen, aber sie erreichen bereits einen Wendepunkt in ihrer Entwicklung, da sie in einer Verschmelzung von Technologien in der physischen, digitalen und biologischen Welt aufeinander aufbauen und sich gegenseitig verstärken."

Wer hier nicht schon die Nachtigall trapsen hört, muss unter schlimmer Taubheit leiden.

Wir stehen gemäß Schwab vor einer Richtungs-Entscheidung. Der eine Weg führt uns in eine bessere Welt: Mehr inkludierend, mehr ebenbürtig und respektvoll gegenüber Mutter Erde. Der andere Weg wird uns in eine Welt des Chaos führen. Schwab spielt mit unserem Gewissen und der Angst, bis wir nachgeben und seine technisch-utopische Vision für die Welt akzeptieren. Die Plandemie hat die Welt daran erinnert, dass die größten Probleme der Menschheit global sind (Klima, Pandemien, Nahrung, Natur und Wirtschaft). Die globalen Organisationen seien aber nicht ausreichend gerüstet und es fehle eine effiziente Führung. Laut Schwab sei das jetzige System nicht fähig, die Corona-Krise zu bewältigen, sondern wurde von nationalen, unkoordinierten Maßnahmen geprägt. Dem zufolge bedürfe es einer effizienteren und besser koordinierten Führung und der Erkenntnis, dass der Nationalismus uns nur falsch leiten könne.

„Therefore, the concern is that, without appropriate Global Governance, we will become paralysed in our attempts to address and respond to global challenges."

Daher besteht die Sorge darin, dass wir ohne angemessene Global Governance in unseren Versuchen, globale Herausforderungen anzugehen und darauf zu reagieren, gelähmt werden.

Dieses hat sich vor allem in Afrika, Lateinamerika und Asien gezeigt, wo Nationen sogar riskieren, unter dem Druck der Krise zu kollabieren.

*„Any lockdown or health crisis caused by the corona-
virus could rapidly create widespread desperation
and disorder, potentially triggering massive unrest
with global knock-out effects. "*

*Jede durch das Coronavirus verursachte Sperrung
oder Gesundheitskrise könnte schnell weit verbreitete
Verzweiflung und Unordnung hervorrufen und möglicherweise massive Unruhen mit globalen Knock-out-
Effekten auslösen.*

Das Verkaufsargument der Eliten ist die Angst. Gewalt, Hunger, Arbeitslosigkeit und Chaos kehren ein.
Hungerkatastrophen von biblischen Ausmaßen werden angedroht. Es droht eine neue Welle von Mas-
senimmigration, ähnlich der von 2015-2016. Die Welt
würde ein gefährlicherer und ärmerer Platz, wenn wir
nicht gemäß Schwab und Malleret globale Institutionen schaffen würden. Ohne diese könne die globale
Ökonomie nicht neu gestartet werden. Es ist anzunehmen, dass das World Economic Forum gerne mit
dieser Führung betraut werden möchte, so wie es seine Partnerschaft mit der UNO zeigt. Die kommenden
Jahren werden, wie es scheint sehr schwer. Es ist das
Chaos, das der Ordnung vorangehen soll. Den „normalen" Menschen stehen diverse Veränderungen in
Form von „Resets" ins Haus. Es ist, als ob wir in einer
PC-Simulation leben würden. Ein Art Spiel also?
Dann drücken wir doch mal auf den Knopf.

KLICK!

The Great Reset

Der große Neuanfang setzt das Ende des Altherge-brachten und Bewährten voraus. Nur, weil etwas gut funktioniert hat, muss man es keinesfalls beibehalten. Man kann es auch zerstören, vor allem, wenn man dadurch große Vorteile hat. Das gilt natürlich nicht für Normalbürger. Familie Mustermann jedenfalls gehört nicht zu den Bevorteilten. Im Gegenteil.

Das alte freimaurerische Prinzip „Aus dem Chaos die Ordnung schaffen" setzt voraus, dass reichlich Chaos vorhanden ist. Und wenn das nicht der Fall ist, dann muss es eben künstlich erzeugt werden. Doch alle Versuche der letzten 50 Jahre schlugen mit Pauken und Trompeten fehl.

Ölkrise, Ozonloch, Waldsterben, Rinderwahn, AIDS, Vogelgrippe, Schweinepest, Ebola, schmelzende Pol-kappen...alle paar Jahre wurde eine neue Katastro-phensau durchs Dorf getrieben und mit viel Aufwand und Trara medial in die Hirne der deutschen Wenig-denker und Geringversteher gepresst. Doch was pas-sierte? Nichts.

Was Kohl und Schröder begonnen hatten, bekam un-ter Merkel so richtig Speed. Ihre Energie-Reform hinterließ Chaos pur. Doch das reichte noch lange nicht. Es folgte Klimagretel und mit ihr die höchst lukrative Co2-Abgabe. Seit dem besteuern wir Atem-luft und haben eine Kostenspirale erzeugt, die ihres-gleichen sucht. Als ob das nicht reichen sollte, folgte die Pandemie, die keine war und impfbedingt für Mil-lionen Menschen schwere Nebenwirkungen bis hin zum Ableben bescherte. Genug Chaos?

Aber nein. Da geht noch was. Putin ist ein böser Bube und muss bestraft werden. Daher schaden wir ihm, indem wir auf Energie verzichten und unserer Industrie, dem Arbeitsmarkt und den privaten Haushalten massiven Schaden bis hin zur Insolvenz zufügen. Und wenn wir dann nichts mehr zu beißen haben und uns im nächsten Winter die „WasAuchImmer" abfrieren, dann haben wir es ihm aber gezeigt, diesem Lümmel. Als Obama immerhin sieben Staaten mit Krieg überzog und Millionen von Menschenleben auf dem Gewissen hatte, jubelten die deutschen Politiker und die angegliederte, gleichgeschaltete deutsche Leistungspresse. Dann kam der fiese Trump, der sich doch tatsächlich weigerte, in irgendeine Schlacht, nicht einmal eine ganz kleine, zu ziehen. Das machte ihn dann auch mächtig unbeliebt. Biden hingegen, der sich gegen Trump an die Macht wahlfälschte, hat zumindest den Senilitäts-Bonus und durfte daher auf einen Happs gleichzeitig Syrien, Kurdistan und Libyen mit explosiver Silvesterfracht de Luxe beglücken, ohne dass jemand Anstoß daran nahm.

Reicht das jetzt endlich? Aber nein. Elektromobilität ist das neue Credo. Für 30 Millionen Elektrokarren brauchen wir hunderte von Atomkraftwerken, um den gesamten Strom zusammenzubekommen. Allerdings ausschließlich für die. Für die Haushalte und die Industrie ist dann immer noch nichts vorhanden.

Dazu Bio-Anbau, Brachprämien, Zerstörung der Versorgung mit landwirtschaftlichen Produkten, Explosion der Lebensmittelpreise, ungezügelte Migration bei Fullservice bis hin zur Vollkasko-Krankenversorgung, und Toleranz bis zur Selbstaufgabe. Genderquatsch und Vegan bis zum Nervenzusammenbruch, Multikulti und alles regenbogenbunt: Da haben wir das Chaos zusammen. Und nun wird resetet, bis die Heide so sehr wackelt, dass die Schnucken Reißaus nehmen.

Alles neu macht der Schwab.

Es darf resettet werden. Und alle machen mit. Zumindest fast alle, also die große Mehrheit derjenigen, die bis heute nicht verstanden haben, worum es eigentlich geht. Otto Normalverbraucher wehklagt, dass der Sprit schon wieder teurer geworden ist. Und das ist er in der Tat. Aber des Deutschen liebstes Spielzeug steht dank Elektromobilität eh auf der Sterbeliste, ebenso wie die medizinische Versorgung, Lebensmittelversorgung, Energieversorgung, Arbeitsplätze, individuelle Freiheit, Urlaub, Kneipenbesuche oder einfach mal eine bezahlbare Kugel Eis in der City.

Doch es ist nicht ein einzelner Reset. Der „Great Reset" setzt sich aus vielen unterschiedlichen Resets zusammen. Das macht ihn sowohl effektiver als auch undurchsichtiger. Und da das Wählervolk lieber zu den Urnen eilt, um dort seine Stimme zu beerdigen, anstatt zu handeln und den durchtriebenen Opa vom WEF samt seiner politischen Mietmäulern dahin zu schicken, wo der Pfeffer wächst, ist davon auszugehen, dass es knüppelhart kommen wird.

Eines vorweggenommen: Es ist definitiv nicht angedacht, dass ein Normalbürgerhaushalt zu Wohlstand kommt, sich ein kleines Quantum Freiheit oder relative Unabhängigkeit erarbeitet, um in Ruhe und Frieden dazu zu kommen, die Gedanken kreisen zu lassen. Die Pflichten der Arbeitsbienchen sind Ruhe, Folgsamkeit, Bescheidenheit, Kasernierung bis hin zum Hausarrest, Besitzlosigkeit und sozialverträgliches Frühableben. Schauen wir uns doch mal die Reset-Bausteine an. Es wird spannend. Wie im Fernsehen. Nur mit dem kleinen Unterschied, dass diese Dystopie Realität wird. Wir sind bereits mitten drin.

Der Environmental-Reset

Es geht der Umwelt ans Leder. Sowohl Pandemien wie Klimaveränderungen oder der angedrohte Ökosystemkollaps zeigen auf das komplexe Zusammenspiel zwischen dem Menschen und der Natur. Wirtschaft und Politik behaupten nun, dass COVID-19 der Welt einen Vorgeschmack von dem gibt, was eine umfassende Klimakrise und Ökosystemkollaps für die Ökonomie, die Geopolitik, die Gesellschaftsfragen und die technologische Entwicklung bedeutet. Die Krisen haben auch das gemeinsame Attribut, dass sie in ihrer Auswirkung global sind und nur durch globale Koordination gelöst werden können.

„At first glance, the pandemic and the environment seem to be only distantly related cousins, but they are much closer and more intertwined than we think."

Auf den ersten Blick scheinen die Pandemie und die Umwelt nur entfernt verwandte Verwandte zu sein, aber sie sind viel enger und stärker miteinander verflochten, als wir denken.

Ein Unterschied ist, dass echte Pandemien unmittelbare Maßnahmen bedingen, bei denen sich die Resultat schnell zeigen. Klimaveränderungen dagegen werden nicht prägnant wahrgenommen und deswegen mit niedrigerer Priorität angegangen. Während einer Pandemie akzeptiert eine Mehrheit zwingende Maßnahmen, während sie sich Begrenzungen in ihrer Lebenswahl widersetzen, insbesondere wenn es um Klimaveränderungen geht, bei denen die wissenschaftlichen Beweise in Frage gestellt werden können.

Das Buch weist auf Studien hin, wo Pandemien wie COVID-19 mit der menschlichen Auswirkung auf die Umwelt zusammenhängen. Es ist wie immer. Wir Menschen tragen die Schuld und es wird eine gewisse Enttäuschung darüber ausgedrückt, dass der Kohlendioxid-Ausstoß während des Lockdowns nur um 8% verringert wurde. Die Schlussfolgerung ist, dass es eine radikale Veränderung bei den Energiesystemen wie eine strukturelle Veränderung unseres Konsumverhaltens braucht. Es ist jedoch fraglich ob diese Restriktionen auch für Schwab und seine Freunde im "Politbüro" gelten.

„If, in the post-pandemic era, we decide to resume our lives just as before (by driving the same cars, by heating our homes the same way and so on), the COVID-19 crisis will have gone to waste as far as climate policies are concerned."

Wenn wir uns in der Zeit nach der Pandemie dazu entschließen, unser Leben so wie zuvor fortzusetzen (indem wir dieselben Autos fahren, unsere Häuser auf die gleiche Weise heizen usw.), ist die COVID-19-Krise so weit wie verschwendet, soweit es die Klimapolitik betrifft.

Prophezeit ist, dass die Pandemie die Politik während mehrerer Jahre dominieren wird. So riskiert man, dass die Klimaarbeit weniger dringend erscheint. COP26 z.B. wurde eingestellt. Genau das will Schwab aber unbedingt vermeiden. Er sieht stattdessen, dass die COVID-19 Krise die Möglichkeit bietet, um seine "tragfähige" Klimapolitik einzuführen. Regierungen und Firmen werden zur "richtigen Entscheidung" ermutigt, indem große Teile der Bevölkerung ein neues, vorgeschriebenes soziales Gewissen dafür entwickeln, dass eine andere Lebensweise erstrebenswert sei. Das wird durch einen erfolgreich geformten Aktivismus von Politik und Medien gepusht.

Weil es für manche Regierungen verlockend sein könnte, zur alten Ordnung zurückzukehren ist angedacht, vier Schlüsselgebiete zu verwenden, um die Entwicklung in die "richtige" Richtung zu steuern.

Eine sogenannte aufgeklärte Führung, also Führungskräfte die an der vordersten Front des Kampfes gegen den „menschengemachten" Klimawandel marschieren wie King Charles, sind die neuen Leitbilder.

Die Aufmerksamkeit, die COVID-19 beim Bürger erweckt hat und den Konsequenzen daraus, wissenschaftliche Expertisen nicht zu hören geschweige denn zu verstehen, hat das Bewusstsein verändert.

Die Plandemie hat uns gezwungen, unsere Reise- und Konsummuster zu verändern und einen sogenannten "grüneren" Lebensstil anzunehmen. Ach? Hat sie das?

Corona wurde benutzt, um Verhaltensänderungen zu bewirken und neue Strategien für sozialen Aktivismus zu schaffen. Klebrige Klima-Aktivisten, die gesehen haben, dass die Luftverschmutzung während des Lockdowns abgenommen hat, erhöhen ihren Druck auf Firmen, Investoren und Gegner drastisch.

Der sogenannte „Grüne Deal" der EU-Kommission mit dem Plan, eine Billion Euro (um die Emissionen zu verringern) zu investieren und eine sogenannte zirkuläre Ökonomie einzuführen, muss als Beispiel dafür dienen, dass die Behörden die Corona-Krise für wessen Zwecke auch immer genutzt haben.

Der Technological Reset

„ ...the pandemic will accelerate innovation even more, catalysing technological changes already under way and "turbocharging" any digital business or the digital dimension of any business. "

...die Pandemie wird die Innovation noch mehr beschleunigen, bereits im Gange befindliche technologische Veränderungen katalysieren und jedes digitale Geschäft oder die digitale Dimension eines jeden Unternehmens „aufladen".

Gemeint ist, dass die Corona-Krise dazu geführt hat, dass die digitale Entwicklung in einem Monat einen Schritt gemacht hat, der sonst bis zu zwei Jahre gedauert hätte. Fast alles wurde Online bewirkt.
Die Gewinner sind die großen Technologie-Konzerne und ihre Gewinne waren während der Krise exorbitant. Geschäftsideen, die auf persönlichen Treffen bauten (wie der Kulturbereich und Restaurants), stehen als Verlierer da. Das ist etwas, was gemäß Schwab und Malleret größtenteils so bleiben wird. Die Corona-Inszenierung hat Auswirkungen auf Arbeit, Ausbildung, Handel, Medizin, Unterhaltung und einen großen Eingriff in unser Privatleben ermöglicht.

„We will see how contact tracing has an unequalled capacity and a quasi-essential place in the armoury needed to combat COVID-19, while at the same time being positioned to become an enabler of mass surveillance. "

Wir werden sehen, wie die Kontaktverfolgung eine
beispiellose Kapazität und einen quasi wesentlichen
Platz in der Waffenkammer hat, die zur Bekämpfung
von COVID-19 benötigt wird, während sie gleichzei-
tig so positioniert ist, dass sie ein Wegbereiter der
Massenüberwachung wird.

Das hat auch dazu geführt, dass die Regierungen die
Regulierung neuer Technologien aufgegeben haben.
Alle Hemmungen sind verschwunden. Angeblich nur
zeitweilige Regelungen sind während der Krise dazu-
gekommen und werden gemäß den Autoren weiterhin
bestehen. Weiterhin geht es um die soziale Entfrem-
dung. Die Gesellschaften werden den Schwerpunkt
darauf legen, Arbeitsplätze umzustrukturieren, um den
menschlichen Kontakt zu minimieren. Für Angestellte
in der Hotel- und Restaurant-Branche und im Ausbil-
dungssektor sieht die Zukunft daher lausig aus. Die
Autoren sagen eine massive Automatisierung voraus,
was wiederum eine Beschleunigung der digitalen
Transformation bedeutet. Die heimische Produktion
wird voraussichtlich auf Grund der zunehmenden
Automatisierung zunehmen. Die Arbeitsplätze nicht.

„From the onset of the lockdowns, it became apparent
that robots and AI were a natural alternative when
human labour was not available."

Seit Beginn des Lockdowns wurde deutlich, dass Ro-
boter und KI eine natürliche Alternative waren, wenn
menschliche Arbeitskräfte nicht verfügbar waren.

Alles hat seinen Preis. Menschen werden überflüssig
und es ist offensichtlich, dass sich gerade die einfa-

cheren Jobs in der Risikozone befinden. Das Ganze hat einen eiskalten, menschenfeindlichen Beigeschmack. Aber es kommt noch schlimmer. Die Lockdowns haben gemäß den Autoren einen hohen ökonomischen Preis verursacht, der dazu führt, dass zusätzliche Kontroll-Methoden gebraucht werden. Das öffnet die Tür für permanente neue technische Überwachungswege wie das Contact-Tracing, bei dem alle unsere Bewegungen verfolgt (tracking) und analysiert (tracing) werden, um Infizierte oder als solche Bezeichnete in Quarantäne stecken zu können.

„A tracking app gains insight in real time by, for example determining a person's current location through geodata via GPS coordinates or radio signals."

Eine Tracking-App gewinnt Erkenntnisse in Echtzeit, indem sie zum Beispiel den aktuellen Standort einer Person durch Geodaten über GPS-Koordinaten oder Funksignale bestimmt.

Es geht darum, uns um jeden Preis auseinander zu halten und sogar alle unsere Aktivitäten aus der Vergangenheit zu studieren. Mehrere Länder wie Südkorea, China und Hong Kong machten während der Pandemie Gebrauch von aufdringlichen und aufgezwungenen Nachverfolgungsmethoden in Echtzeit. In Hong Kong wurden elektronische Armbänder verwendet, während andere Länder Mobile-Apps verwendeten um zu überprüfen, ob Infizierte vielleicht unerlaubt ihre Quarantäne verließen. Singapurs TraceTogether-App, die warnt, wenn Infizierte innerhalb eines Radius von zwei Metern anderen zu nahe

114

kommen, um dann sofort Daten zum Gesundheitsministerium zu schicken, wird als ein wünschenswerter Zwischenweg von den Autoren gesehen. Die Autoren zeigen auch die Probleme auf, die entstehen, wenn diese Systeme auf Freiwilligkeit beruhen.

„No voluntary contract-tracing app will work if people are unwilling to provide their own personal data to the governmental agency that monitors the system, if any individual refuses to download the app (and therefore to withhold information about a possible infection, movements and contacts), everyone will adversely be affected."

Keine freiwillige Vertragsverfolgungs-App funktioniert, wenn Menschen nicht bereit sind, ihre eigenen persönlichen Daten an die Regierungsbehörde zu übermitteln, die das System überwacht, wenn sich eine Person weigert, die App herunterzuladen (und damit Informationen über eine mögliche Infektion, Bewegungen und Kontakte), jeder wird nachteilig betroffen sein.

Gemeinsame Standards für Kontaktverfolgung können im Licht der verschiedenen Systeme angenommen werden, wobei die EU speziell erwähnt wird.

Schwab und Malleret schreiben, dass Kontaktverfolgung ein "frühes Eingreifen" gegen "superspreading Milieus" wie Familienzusammenkünfte ermöglicht. Es ist nicht schwer zu sehen, dass die Verfolgung mit Leichtigkeit gegen die verwendet werden kann, die sich gegen dieses diabolische System auflehnen. Es sind die normalen Menschen, die in den Augen dieser Tyrannen das Virus sind.

Das geht natürlich gegen alle ethischen Regeln und Menschenrechte. Die Autoren weisen auch daraufhin, dass es, sobald die Systeme eingerichtet sind, nicht wahrscheinlich sei, dass sie wieder entfernt werden würden und dass eine Menge Analytiker, Entscheidungsträger und Sicherheitsverantwortliche voraussagen, dass dieses zu einer dystopischen Zukunft führen wird. Das Buch gibt eine deutliche Warnung, dass gerade ein technologisch-totalitärer Überwachungsstaat mit Corona als Vorwand aufgebaut wird. Es besteht aber kein Zweifel, dass die Autoren der Meinung sind, dass die Vorteile die Nachteile überwiegen (etwas das auch klar hervorgeht aus Schwabs beiden Büchern über die vierte industrielle Revolution).

„It is true that in the post-pandemic era, personal health will become a much greater priority for society, which is why the genie of tech-surveillance will not be put back in the bottle."

„Es ist wahr, dass in der Zeit nach der Pandemie die persönliche Gesundheit eine viel größere Priorität für die Gesellschaft haben wird, weshalb der Geist der technischen Überwachung nicht wieder in die Flasche gesteckt wird."

Schwab und Malleret beendet das Kapitel mit dem Hinweis, *"dass die Regierenden und wir selber die Vorteile der neuen Techniken kontrollieren und nützen dürfen, ohne unsere individuellen und kollektiven Werte und Freiheiten zu opfern"*. Schwab, der eine zentrale Rolle einnimmt, um das tyrannische Überwachungssystem zu fördern, schiebt so die Verantwortung von sich auf die Opfer des Plans.

Der Micro-Reset

Für die Unternehmer gilt gemäß den Autoren, dass es jetzt keine Rückkehr mehr zu dem System gibt, das früher existierte. COVID-19 hat alles verändert.

„When confronted with it, some industry leaders and senior executives may be tempted to equate reset with restart, hope to go back to the old normal and restore what worked in the past: traditions, tested procedures and familiar ways of doing things – in short, a return to business as usual. This won't happen because it can't happen. For the most part business as usual died from (or at least was infected by) COVID-19."

Wenn sie damit konfrontiert werden, könnten einige Branchenführer und Führungskräfte versucht sein, Reset mit Neustart gleichzusetzen, hoffen, zur alten Normalität zurückzukehren und das wiederherzustellen, was in der Vergangenheit funktioniert hat: Traditionen, erprobte Verfahren und vertraute Vorgehensweisen – kurz gesagt, eine Rückkehr zum normalen Alltag. Das wird nicht passieren, weil es nicht passieren kann. Der größte Teil von business as usual ist an COVID-19 gestorben (oder war zumindest davon infiziert).

Die Firmen, die die Empfehlungen der Tyrannen zu einer totalen digitalen Umstellung nicht befolgen, werden es schwer haben, zu überleben. Die Gewinner sind die großen Onlinehandelsfirmen und Streaming-Dienste wie Alibaba, Amazon, Netflix und Zoom. Das jetzt schon astronomische Vermögen des Amazon-CEOs Jeff Bezos soll während der Krise um 60%

zugenommen haben. Der Handel wurde in kürzester Zeit von ein paar wenigen monopolistischen Raubrittern übernommen. 2019 fand in England ein Prozent der Arztkonsultationen online statt. Während der Corona-Krise waren es 100%. Der Online-Bereich wird weiterhin stark wachsen, wenn die Kunden gezwungen sind online zu gehen.

„Three industries in particular will flourish (in aggregate) in the post-pandemic era: Big tech, health and wellness. "

Insbesondere drei Branchen werden (insgesamt) in der Ära nach der Pandemie florieren: Big Tech, Gesundheit und Wellness.

In der Post-Corona Ära wird erwartet, dass die Regierungen stärkere Kontrolle über das Unternehmertum bekommen. Die Stimulanz-Pakete werden an Bedingen geknüpft, wie die Tätigkeiten betrieben werden sollen. Was gemäß den Autoren kommt, ist Stakeholder Capitalism mit Environmental, Social and Corporate Governance (ESG). Das bedeutet, dass die Firmen ihre soziale Verantwortung wahrnehmen und *"nachhaltig"* investieren sollen. Durch Aktivismus von NGOs wie Greenpeace soll Druck auf die Firmen ausgeübt werden, sodass diese die richtigen Entscheidungen treffen. Es erinnert stark an Pieter Winsemius Nachhaltigkeitsformel für Großfirmen, die in seinem Buch *„A Thousand Shades of Green"*: *Sustainable strategies for competitive advantage"* und den Bericht der Trilateralen Kommission *„Beyond Interdep"* beschrieben wurde.

Der Individual-Reset

Im letzten Kapitel gehen die Autoren die individuellen Konsequenzen der Pandemie durch. Sie schreiben, dass die Pandemie im Gegensatz zu altbekannten Katastrophen wie Erdbeben und Überschwemmungen, die Sympathie und Hilfewellen auslösen und die Menschen einander näher bringen, die gegenteilige Auswirkung hat. Sie war verheerend für uns Menschen. Die Plandemie ist ein langwieriger Prozess, der eine starke Angst vor dem Sterben und die Ungewissheit darüber, wann die Gefahr vorbei ist, kombiniert. Die Pandemie kann jederzeit neu beschlossen werden. Sie wurde nicht ohne Grund von autoritären und unberechenbaren Behörden-Maßnahmen begleitet.

Die Pandemie, die keine ist, führt zu egoistischen Handlungen, weil jeder als potentielle Krankheitsträger gesehen wurde. Helfen wir anderen durch die Verstärkung ihrer Ängste? Nein. Im Gegenteil. Wir produzieren Schuld- und Schamgefühle. Es ist nahezu unmöglich, "korrekt" zu handeln. Das zeigte sich bei den Ländern, die ihre Grenzen schlossen und das Reisen stark begrenzten. Diese Maßnahmen führten Reaktionen wie Rassismus, Patriotismus und Nationalismus. Und das ist unerwünscht.

Humans are inherently social beings. Companionship and social interactions are a vital component of our humanness. If deprived of them, we find our lives upside down. Social relations are to a significant extent, obliterated by confinement measures and physical and social distancing, and in the case of the COVID-19 lockdowns, this occurred at a time of heightened anxiety when we needed them most.

„Menschen sind von Natur aus soziale Wesen. Kameradschaft und soziale Interaktionen sind ein wesentlicher Bestandteil unseres Menschseins. Wenn sie ihnen entzogen werden, stellen wir unser Leben auf den Kopf. Soziale Beziehungen werden in erheblichem Maße durch Ausgangsbeschränkungen und physische und soziale Distanzierung ausgelöscht und im Fall der COVID-19-Sperren geschah dies in einer Zeit erhöhter Angst, als wir sie am dringendsten brauchten."

Die Autoren zeigen, welches Bewusstsein die Katastrophenverursacher über die psychologischen Effekte besitzen und was die soziale Isolierung für den Menschen bedeutet. Wir haben nicht die Unterstützung bei Freunden und Familie suchen können. Wir wurden der zwischenmenschlichen Nähe, die wir brauchen, um zu funktionieren zu können, beraubt. Es funktioniert wie eine langsame Folter, bei der wir langsam gebrochen werden. Das hat dazu geführt, dass das psychologische Unwohlsein seitdem dramatisch zugenommen hat. Sie weisen darauf hin, dass vor allem Menschen mit früheren mentalen Problemen noch schlimmere Angstattacken bekommen werden.

Die soziale Distanzierung wird die mentalen Probleme auch lange, nachdem die Maßnahmen zurückgezogen worden sind, bemerkenswert steigern. Der Verlust von Einkommen, Arbeit und sozialen Kontakten wird die Anzahl der Toten durch Selbstmord, Überdosen, Alkoholismus signifikant erhöhen. Auch die häusliche Gewalt hat während der Pandemie zugenommen.

Verletzliche Menschen wie Kinder, Pflegebedürftige, sozial Benachteiligte, Behinderte und Therapiefälle wurden nachhaltig mental geschwächt.

Die Autoren weisen darauf hin, dass es sich in Form von psychologischer Behandlungen in den Folgejahren wiederspiegeln wird.

Es zeigt wie kaltblütig und rücksichtslos diese selbsternannten Weltenherrscher sind. Die Globalisten wissen sehr genau, was sie verursacht haben. Es war genau der erwünschte Effekt, der uns dazu bringen sollte, die "richtige" Wahl zu treffen. Wie eine Schafherde sollen die Menschen in die neue technologische Diktatur hineingetrieben werden.

Im Kapitel über das Unternehmertum wird präsentiert, wie die neue Pflege aussehen wird:

„Like for any other industry, digital will play a significant role in shaping the future of wellness. The combination of AI, the IoT and sensors and wearable technology will produce new insights into personal well-being. They will monitor how we are and feel, and will progressively blur the boundaries between public healthcare systems and personalized health creation systems..."

Wie in jeder anderen Branche wird die Digitalisierung eine bedeutende Rolle bei der Gestaltung der Zukunft des Wellness spielen. Die Kombination aus KI, IoT und Sensoren und tragbarer Technologie wird neue Einblicke in das persönliche Wohlbefinden geben. Sie werden überwachen, wie es uns geht und wie wir uns fühlen, und die Grenzen zwischen öffentlichen Gesundheitssystemen und personalisierten Systemen zur Schaffung von Gesundheit zunehmend verwischen...

Die Technik soll natürlich auch unsere Kohlendioxid-Fußabdrücke aufzeichnen, unsere Einwirkung auf die Biodiversität und die Giftigkeit von all dem, was wir notgedrungen in uns hineinstopfen. Das Kontrollbedürfnis der Technokraten ist unersättlich.

Die Pandemie hat uns gemäß den Autoren auch Zeit zum Nachdenken, über das, was wir im Leben für wichtig halten, gegeben. Die Zeit in der Isolation gab uns Einsicht über unseren früheren unhaltbaren Lebensstil, der angeblich Klima und Umwelt belastet hat. Das kann jetzt gemäß Schwab korrigiert werden:

„The pandemic gives us this chance: "it represents a rare but narrow window of opportunity to reflect, reimagine and reset our world."

Die Pandemie gibt uns diese Chance: „Sie stellt ein seltenes, aber enges Zeitfenster dar, um unsere Welt zu reflektieren, neu zu erfinden und zurückzusetzen."

In den Schlussfolgerungen wird etwas überraschend die sehr bescheidene Todeszahl der Pandemie diskutiert. Es wird darauf hingewiesen, dass COVID-19 nur 0,006% der Weltbevölkerung getötet hat. Das soll in Relation gesetzt werden zur Pest (30-40% der Bevölkerung) und zur sogenannten Spanischen Grippe, (die höchstwahrscheinlich gar keine war) mit 3% der Bevölkerung. Die Todeszahl durch/mit Corona war somit nichts, dass einen totalen Lockdown der Welt gerechtfertigt hätte.

Wir haben und werden einen hohen Preis für etwas bezahlen müssen, das jenseits aller Verhältnismäßigkeit übertrieben und als Auslöser verwendet wurde, um eine neue technisch-totalitäre Ordnung einzuführen. Die Tyrannen haben nach dem Prinzip "die Krise ist gut fürs Geschäft" sehr effizient Kapital aus dem Leid, das sie den Menschen angetan haben, geschlagen. Sie drohen, damit zurückzukommen, wenn wir ihre Pläne, unser Leben zu steuern und im Detail zu regulieren, nicht akzeptieren. Es sind reine Mafiamethoden. Niemand von uns hat Schwab und seine Freunde im Milliardärs Club gewählt, um uns unser Leben diktieren zu lassen. Es ist höchste Zeit, die selbsternannte Elite zu entthronen. Ihr angemessener Platz ist hinter Schloss und Riegel.

Corona ist für die Geldelite der Schlüssel, um das analoge Leben zugunsten einer Neuen Weltordnung zu beseitigen, in der die Menschen zu Sklaven unter Big Tech und Big Pharma degradiert werden.

Die internationale Hochfinanz pokert schon seit mindestens 20 Jahren gegen die traditionellen Industriebranchen, denn dort sind die Profitraten zu niedrig. Kohle, Atom, Öl, Gas, Autoproduktion und Flugzeugbau – all das soll weg. Viel mehr ist nämlich mit den Frankenstein-Erfindungen zu verdienen: Nano-, Bio- und Gentechnologie, dazu der Aufbau virtueller Welten statt der analogen Alltagskultur – und last, not least Big Pharma.

Schwab, der geschäftsführende Vorsitzende des WEF, ist die Spinne im Netz der Corona-Strategen. Er strebt ein weltweites System an, bei dem Staat und Wirtschaft verschmelzen. Nichts anderes als ein solches Modell im Kleinen war schon der von ihm 1971 zunächst als Europäisches Managementforum ins Leben gerufene elitäre Klub, der sich 1987 in Weltwirtschaftsforum umbenannt hat. Seitdem trifft man sich einmal im Jahr im Schweizer Nobelort Davos.

In den Werbevideos für den „Great Reset", dem Motto des Weltwirtschaftsforums 2021, wird ein junger, sympathisch aussehender Mann gezeigt, der anscheinend nur noch vor die Tür geht, um sich sein von einer Drohne geliefertes Essen abzuholen. Er arbeitet im Home Office, isst kein Fleisch, hat kein Privateigentum und schont die Umwelt vor Überbevölkerung, indem er auf die Zeugung von Kindern verzichtet. Die Welt ist multilateral und *„Refugees Welcome"* ist eine der obersten Maxime.

Ein „Guter" in der von Klaus Schwab propagierten „Schönen Neuen Welt" lebt vorwiegend kontaktlos. Er achtet auf seine Klimaneutralität und hat der Realität in Form von Sinnlichkeit, menschlichen Berührbarkeit, der Unordnung und Widersprüchlichkeit des Lebens und des Denkens abgeschworen.

Der neue Mensch ist komplett fremdgesteuert und vermeidet seine Kontamination mit Wahrheiten, die von denen der vom Staat proklamierten Realität abweichen. In einem anderen Video des WEF werden Horrorvisionen einer von Gesundheits-, Umwelt- und sozialen Katastrophen zerstörten Welt gezeigt. Dann, auf Knopfdruck, verwandeln sich diese in eine grüne Idylle. Statt rauchender Schornsteine tummeln sich dank des „Great Reset" muntere Fischchen im kristallklaren Wasser.

Es ist nicht wahr, dass Reiche gegen die Klimarettung sind. Reiche mögen keine untätig (sprich arbeitslosen Herumlungernden) und hassen Dreck vor der Haustür. Sie lieben vor allem die Kontrolle über den Pöbel. Sie bevorzugen menschenleere Strände, hochwertige Ernährung und sattgrüne Golfplätze inmitten einer intakten Natur, allerdings nur für sich und wenige andere. Und das lassen sie den Rest der Menschheit etwas kosten. Wie der „Great Reset" aussehen wird, das verrät ein „Weißbuch" mit Vorschlägen zur Umsetzung der in dem Buch *„CoviD19 - Der große Umbruch"* proklamierten Zukunftsziele.

Bis zu 84% aller Arbeitsprozesse sollen digital oder virtuell (Videokonferenzen) ausgeführt werden. Es besteht also kein direkter menschlicher Kontakt. Home office und social distancing werden zum Lebensmodell. Etwa 50% aller Aufgaben sollen automatisiert werden. Der menschliche Input wird auch bei der Fernarbeit drastisch reduziert werden.

Die Beschleunigung der Digitalisierung bei der Weiterbildung/Umschulung, die Vermittlung von Bildungseinheiten via künstlicher Intelligenz (KI) sowie Algorithmen anstelle menschlicher Kontakte und persönlichen Austauschs werden dafür sorgen, dass die derzeitigen Organisationsstrukturen komplett umstrukturiert werden. Diese bieten dank digitaler Strukturen eine umfassende Kontrolle über alle Aktivitäten der Mitarbeiter. Durch die Umstrukturierungen entstehen Lohnskalen mit extrem niedrigen Löhnen, wodurch das ebenfalls geplante „universelle Grundgehalt" oder „Grundeinkommen", also einem Lohn, mit dem man gerademal so überleben kann, unabdingbar wäre. Es würde die Bezieher abhängig von einem digitalen System ohne Kontrolle über ihre Daten machen.

Der „Great Reset" sieht ein Kreditsystem vor, bei dem alle persönlichen Schulden gegen Aushändigung aller persönlichen Vermögenswerte an ein Verwaltungsorgan oder eine Agentur „erlassen" würden.

Das wäre möglicherweise eine globale Institution wie der IWF. Die WEF Videos propagieren im Namen der

Klimarettung eine Menschen wenig zuträgliche Zukunft.

Es scheint, dass in Zeiten einer „Pandemie", die rigide Maßnahmen und massive Grundrechtseinschränkungen der Regierungen begründet, die Bürger und Bürgerinnen der Welt darauf vorbereitet werden sollen, sich mit home office, social distancing und dem dauerhaften Verzicht auf Geselligkeit, Kultur und Reisen abzufinden. So ist das Programm des großen Umbruchs eines Klaus Schwab und seiner Freunde.

Die oppositionellen, einstmals systemkritischen Grünen unterstützen dieses Umerziehungsprogramm im Namen der Klimarettung. Sie sind zu einer Jubeltruppe der Eliten geworden. So stimmten sie unter Merkel in der Abstimmung zum neuen „Bevölkerungsschutzgesetz" der Vorlage der CDU/ SPD Regierung zu.

Erstaunlich ist auch, dass sogar die grünen Gentechnik-Gegner jetzt in ihrem Parteiprogramm umschwenken. Plötzlich ist Gentechnik eine tolle Sache. Auch die verkürzt getestete Genimpfung, die unser Leben bedroht, unsere DNA verändert und diese Veränderungen vererbbar macht, ist voll cool. Die Vergesellschaftung von Eigentum hingegen passt zu den Grundwerten der Grünen, die sich aus marxistisch-leninistischen Strömungen formten. Jetzt wird diese Ideologie reaktiviert, um den Mittelstand zu drangsalieren und ihn abhängig und lenkbar zu machen. Natürlich legen sich hier die grünen Befürworter eines Staatssozialismus ins Bett mit der Finanzelite. Mit Inbrunst wird diese Prostitution verschleiert und zum heroischen Klimarettungsakt erklärt. In den 70ern und 80ern des 20. Jahrhunderts waren die Grünen gegen Umweltverschmutzung und das System. Heute sind sie ein elementarer Teil des Problems geworden. Money talks...und das oftmals sehr laut. Das weiß sogar Joschka Fischer, der es immerhin zum international tätigen Atom-Lobbyisten gebracht hat. Seit es sich auch bei den GRÜNEN herumgesprochen hat, dass sich mit Politik und Lobbyismus trefflich Geld scheffeln lässt, ist der einstige Idealismus Geschichte und das Hirn wurde durch eine Brieftasche ersetzt. Fischer, Schlauch, Kühnast und Özdemir machen es vor, die anderen machen es nach. Und der Gedanke an ein schönes Bestechungsanwesen in der Toskana wirkt immer, wie es auch schon die Sozialdemokraten in der Vergangenheit gezeigt haben. Aber wer erinnert sich noch an die sogenannte Toskana-Fraktion?

Wer denkt noch an Sigmar Gabriel, den umtriebigen VW-Lobbyisten, Energiesparlampenpromoter und Schacht Konrad Atommüllversenker, der kritische Wähler als „Pack" titulierte? Oder an Bätschi-Nahles die nur darin zuverlässig war, absolut nichts hinzubekommen?

Was ist mit all den anderen geistigen Nullperformern, die nichts zur Produktion im Lande beitrugen und beitragen, dafür aber im Gegensatz zu den Leistungsträgern über dicke Brieftaschen und diskrete Konten auf irgendwelchen Karibik-Inselchen oder in Panama verfügen?

Was ist mit den Berufsmigranten bei den Sozen und Grünen wie Özdemir, Schebli, Özoguz und anderen, deren einzige Qualifikation in der politisch korrekten Ursprungsnationalität besteht?

Der optimale Politiker der Zukunft ist mindestens regenbogenbunt, schwul oder besser noch Transgender, auf Koks, mit Migrationshintergrund und so klug wie Brot (Bio). Kurzum: Das kann ja heiter werden.

Was kommt da auf uns zu?

Machen wir es kurz und schmerzhaft: Es kommen noch interessantere Zeiten als die, in denen wir eh schon leben, auf uns zu. Klaus Schwab hat verkündet, wie er sich den optimalen Zukunfts-Untertanen vorstellt. Der hockt produktiv im Home-Office, hat kaum bis keine sozialen Kontakte, kein Privatleben, kein Privateigentum, keine Ahnung, aber dafür eine Meinung, die ihm die Medien eingeimpft haben, keine Rechte, keinen Spaß, dafür aber viele Pflichten und bewegt sich in einem Umfeld, dass den Klassiker 1984 von Orwell um Längen in den Schatten stellt.

Natürlich besteht noch immer die Möglichkeit, dass sich die „normalen" Menschen dagegen stellen und den ganzen Hokus Pokus einfach nicht mitmachen. Allerdings sprechen die gesamte Medienmacht, die WEF-kooperative Politik, die Uninformiertheit der breiten Masse und das allgemeine Phlegma dagegen. Wer sein Volk ruhig stellen will, verwirre es mit Schwachsinn und genau daran herrscht kein Mangel. Egal ob Corona oder Corinna, Kriegspropaganda, Genderquatsch, Massenmigration, Hartz-XY, Klima oder anderer Ablenkungsmumpitz: Bürgerlein hat seinen Knochen zum Nagen und ist beschäftigt. Und wenn das nicht reicht, dann kommt eben noch mehr. Es gibt genug Steuergelder, die es möglich machen. Und wenn die nicht reichen, dann ist doch noch Privatvermögen vorhanden, dass in andere Taschen krötenwandern möchte. Also her mit den Talern. Doch wie stellt man das an? Wir wollen doch nicht, dass uns jemand auf die Schliche kommt? Schaffen wir mal wieder eine gesunde Basis mit dem schlechten Gewissen und der Angst. Das funktioniert immer.

Corona ist tot! Lang lebe das Klima!

Mal sehen für wie lange. Nach dem Lockdown ist vor dem Lockdown. Affenpocken sind der neueste Schlager. Und demnächst? Vielleicht Rattenmumps? Hamsterfieber? Energiekrise, Waldsterben, Ozonloch, Rinderwahn und Schweinepest, Vogelgrippe, die Coro-Fledermaus, HIV und eingewachsene Fußnägel hatten wir ja schon. Oh mein Gott…wir müssen alle sterben. Laut Lauterbach hätten alle Ungeimpften bereits zum Jahresbeginn 2022 verreckt sein müssen. Aber die kleinen Drecksäcke haben sich nicht an seine Prognosen gehalten. Sauerei. Nur die Geimpften hat es erwischt. Sogar einige Millionen von Ihnen. Na so was. Und das trotz drei Impfungen plus Booster. Merkwürdig. Aber das hat ja keiner wissen können. Gell?

Fast die Hälfte der weltweiten Staaten kehrte inzwischen schrittweise zur Normalität zurück. Sogar in Österreich lässt sich eine wachsende Pandemie-Müdigkeit beobachten. Statt im Gasthaus trifft man sich nun eben privat. Daher wurde die Zusammenkunft von vier Personen kurzerhand als behördlich zu genehmigende Veranstaltung deklariert. Doch auch ohne Pandemie könnten andere hanebüchene Gründe herangezogen werden, das öffentliche Leben weiterhin systematisch zu zerstören. Daher droht jetzt der Klima-Lockdown!

Lockdowns sind ein wirksames Mittel, die Bevölkerungen zu isolieren, soziale Kontakte, damit mögliche politische oder zivilgesellschaftliche Engagements zu unterbinden und die Wirtschaft in die möglichst umfassende Abhängigkeit vom Wohlwollen des Staates zu treiben. Die Gängelungen hinsichtlich der Corona-Maßnahmen sind ja lediglich nur ein Übergriff des

Staates. Schon zuvor zerstörte Deutschland de facto seine Schlüsselindustrie mit der Einführung sogenannter Klimaziele, die einem Dieselfahrverbot gleichkamen und den weltweit renommierten deutschen Autobauer ernstzunehmende Existenzängste bescherte.

Ein Gesellschaftsumbau klappt immer durch große Problem-Konstrukte, egal ob durch Flüchtlinge, die Klimakrise oder durch Corona. All diese Probleme haben gemeinsam, dass sie seitens der Eliten willentlich und wissentlich geschaffen worden sind, stets nur durch supranationale Organisationen gelöst werden können und grundsätzlich tiefgreifende Veränderungen der gesamten Gesellschaften nach sich ziehen.

Nachdem sich die Lockdowns hervorragend als Massen-Erziehungsmethode bewährt haben, werden schon die ersten Stimmen laut, Klima-Lockdowns zu verhängen. Um etwa die Pariser Klimaziele zu erreichen, müssten die westlichen Gesellschaften mindestens alle zwei Jahre unter einen totalen Lockdown genommen werden, so irgendeine Studie.

So wundert es nicht, dass sich auch der deutsche Maßnahmen-Fanatiker Karl Lauterbach berufen fühlt, mitzuteilen: *„Ich würde es nicht für ausgeschlossen halten, dass wir in der Klimakrise in eine Situation kommen, wo wir tatsächlich das ein oder andere verbieten."*

Dass Sozialisten grundsätzlich zu Verboten neigen, ist nichts Neues. Dass sie damit Hand in Hand mit den Globalisten gehen, ist ihnen anscheinend völlig recht. Nun...wer mit der Brieftasche denkt?

Wie auch immer: Nach dem Lockdown ist vor dem Lockdown. Schafe aller Länder: Seid folgsam. Denn solange ihr brav seid und mitmacht, bleibt alles beim Alten. Und anscheinend machen fast alle mit.

„Was tun mit dem Eigentum?" sprach Zeus.

Der US-Schauspieler und Komiker Danny Kaye brachte es mit seiner Aussage auf den Punkt:
„Geld allein macht nicht glücklich. Es gehören auch noch Aktien, Gold und Immobilien dazu."
Und da hatte er Recht, der Danny. Doch leider gilt das nur für normale Zeiten.

Was jedoch macht man in den Zeiten eines weltweiten Pfändungssozialismus mit immer geringeren persönlichen Freiheiten, gläsernen Konten und transparenten Besitzverhältnissen? Wie schützt man sein Vermögen, sofern es überhaupt noch vorhanden ist, bei Massenarbeitslosigkeit, politisch verordneten Energiekrisen, angedachten Enteignungen, explodierenden Nahrungsmittelpreisen, Lockdowns, Ausgehverboten und der Abschaffung von Grundrechten?

Man wechselt den Planeten. Oder verfügt sich in eine andere Dimension. Alternativ: Man ist bettelarm, legt keinen Wert auf Freiheiten oder soziale Kontakte und findet es vor dem Fernseher ganz erträglich und kuschelig. Und im Winter hat man ja noch warme Decken und einen Notvorrat in Form von ein paar Kisten Bier und einigen Flaschen Vodka. Moment: Vodka besser nicht. Der ist russisch. Und wie wir wissen: Putin ist an allem schuld.

„Deutsche Männer! Deutsche Frauen! Nehmt nichts vom fiesen Russen! Auch kein Gas, das Ihr bereits bestellt und schon längst bezahlt habt. Denn das ist unmoralisch! Slava!"

So schallt es aus den politisch korrekten Einheitsmedien aus dem Munde der Permanent-Diäten-Erhöher mit Luxus-Dienstwagen, Personal und Gratis-Büro. Nun…dann sollten wir ihnen mal vertrauen. Gell?

Nachsatz aus aktuellem Anlass - Enteignungen

„Wir beschließen etwas, stellen das dann in den Raum und warten einige Zeit ab, was passiert. Wenn es dann kein großes Geschrei gibt und keine Aufstände, weil die meisten gar nicht begreifen, was da beschlossen wurde, dann machen wir weiter - Schritt für Schritt, bis es kein Zurück mehr gibt. "

Jean-Claude Juncker

Als im Jahre 2015 unter der Kanzlerin der Schmerzen und Schlepperkönigin Angela Merkel im Rahmen der ersten Flüchtlingswelle das Thema Enteignung hochkochte, war die Empörung in der Politik groß. Ganz nach Walter Ulbrichts Vorbild *„Niemand hat die Absicht, eine Mauer zu errichten!"* präsentierte man inflationär Unschuldsmienen und zeigte sich erschüttert, dass böse Menschen den Ehrenleuten im Reichstag solche infamen Dinge unterstellten.

Das Volk war dank guter Medienarbeit erleichtert, gutmenschlich bis zum Get No und bemerkte nicht einmal andeutungsweise, was auf anderen Baustellen an finanziellem Flurschaden angerichtet wurde.

Schätzungen zufolge hat die Patin der kreativen Kapitalumleitung von Arm nach Reich pro Tag ihres unheiligen Schaffens eine Milliarde Euro versemmelt. Bei 16 Jahren Schaffenszeit ist der Pappdeckel der einstigen IM Erika so gigantisch, dass man die halbe Welt darunter verstecken könnte.

Seit Installation der Bundesrepublik sind die Deutschen so sehr zur Kasse gebeten worden, dass ihnen Mutter Erde in ihrer Gesamtheit gleich mehrfach gehören müsste. Die Goldgräberstimmung war schon damals groß. Später unter Corona wurde sie noch erheblich größer und hat unter der Atemluftbesteuerung a la Merkel vorerst den Abgreif-Olymp erklommen. Die Immobilien schienen nicht mehr gefährdet zu sein. Doch ist das so?

In Bayern einig Söderland versucht der Landtag gerade, eine Enteignungstzunami zu legitimieren und loszutreten. Man wünscht sich mehr Migranten und bekommt sie auch geliefert. Aktuell konzentrieren sich die Begehrlichkeiten daher auf Gewerbe-Immobilien für Unterkünfte. Mittlerweile wurden die ersten Senioren in Pflegeeinrichtungen umgetopft, um Platz für die begehrte Ware „Neubürger" zu machen. Bayern voran...wir folgen Dir.

Es ist nur eine Frage der Zeit, bis das blutrote *„Neue Deutschland"* die Vorschläge aufgreift und die Voraussetzung auch für die Beschlagnahmung von privatgenutztem Wohnsitz angehen wird.

Berlin macht es vor. Dort sitzt die *„Experten-kommission zur Enteignung großer Wohnungs-konzerne"*. Was in der Politik überhaupt nicht gern gesehen wird ist, wenn sich das Volk in die Politik einmischt. Volksabstimmungen oder schlimmer noch Entscheide scheut man wie der Teufel das Weihwasser. Es gibt nur eine Ausnahme: Das Volk stimmt im Sinne der Regierenden ab. Und so kam es in der ultra-rot-grünen Hauptstadt der Neid- und Entreicherungsrepublik Deutschland nach erfolgreicher Medienarbeit zum Volksentscheid *"Deutsche Wohnen & Co. enteignen"*. Mehr als eine Million Berliner hatten sich für die Vergesellschaftung ausgesprochen. Eine Bodenreform wie unter Stalin oder Mao zog sich fix die Marschstiefel an.

Die in Berlin wie auch dem Rest der Republik explodierten Mieten waren offiziell Grund genug für die Begehrlichkeiten. Man hatte anscheinend aus den Augen verloren, dass gerade die Sozialdemokraten fröhlich bei der Sache waren, als vor Jahren der Mieterschutz weitgehend eliminiert wurde. Egal. Wir haben einen Schuldigen: Den fiesen Kapitalisten. Ab an den Pranger und danach auf den Scheiterhaufen. Das Gremium hat angekündigt, am 26. April 2023 Ergebnisse vorzulegen, ob und wie man zur Tat schreiten will. Das haben Wohnungssenator Andreas Geisel (SPD) und Justizsenatorin Lena Kreck (Linke) bekanntgegeben. Die Kommission habe sich in ihrer Geschäftsordnung auch zu anderen Fragen, die im Vorfeld umstritten waren, geeinigt, hieß es weiter.

Die Sitzungen finden alle vier Wochen statt, jeweils an zwei zusammenhängenden Tagen. Allerdings werde es auch nicht-öffentliche Sitzungen geben, hieß es von Senatsseite. Kritik an mangelnder Transparenz wies Geisel zurück: *"Selbstverständlich werden die Protokolle veröffentlicht"*, erklärte der Wohnungs-Senator. Sie sollen auf einer eigens eingerichteten Homepage online stehen. Ob dies alle Protokolle und diskutierten Dokumente betrifft, ließ Geisel offen.

Wozu auch Transparenz? Der Vorgang erfüllt zwar in jeglicher Hinsicht den Tatbestand der Verschwörung, huldigt aber einem guten Zweck. Wenn es dem Allgemeinwohl dient, dann darf enteignet werden. Das besagt zumindest das Grundgesetz, auf das die Politik sonst gern einen großen Haufen Beachtung setzt. Was genau das Allgemeinwohl ist, dass entscheidet die Politik und lässt es sich im Anschluss von den Gerichten bescheinigen. Also dann – nichts wie ran an den Speck. Es darf geerntet werden.

Welche Möglichkeiten gibt es für die sogenannten Eliten, um sich unauffälliger in den Besitz des deutschen Immobilienbesitzes zu bringen? Man muss nur einfallsreich genug sein und schon kann man, CO_2 sei Dank, unter dem Deckmäntelchen der Weltenrettung ein Angriff aufs Eigentum gestartet werden. Man muss Eigentum einfach nur so sehr künstlich verteuern, sodass es dem Eigentümer um die Ohren fliegt. Immobilien müssen beheizt werden. Man braucht also Energie und die stammt derzeit vornehmlich aus Gas- und Ölheizungen. Die Doktrin des vom Menschen durch CO_2 verursachten Klimawandels machte es einfach, auch, wenn die ganze Geschichte aus den Fingern gesogen ist. Von zehn Millionen (10.000.000) CO_2-Teilchen stammen weniger als drei (3) aus Deutschland. Anscheinend hat sich das weder beim mündigen Bürger noch beim superkleberbeseelten Klimaaktivisten herumgesprochen.

Wie dummdusselig muss man sein, sich eine CO_2-Abgabe verpassen zu lassen, die klimatechnisch nichts verändert, dafür aber Steuerbürgers letzten Kröten aufsaugt wie ein Ameisenbär die kleinen Krabbeltierchen oder wie ein schwarzes Loch ganze Planeten?

Der arsengrüne Klimademagoge Habeck war in Goldgräberstimmung, sabberte bereits voller Vorfreude und rieb sich seine gierigen kleinen Griffel. Ab 2024 wollte das Wirtschaftsministerium den Einbau neuer Öl- und Gasheizungen verbieten. Besonders bei Hauseigentümern sorgte das für Aufregung, schließlich ist eine Umstellung auf andere Heizmethoden mit deutlich höheren Kosten verbunden. Der Vorschlag kam nicht in voller Härte durch. Daher plant die Ampel bereits einen Neustart des Unterfangens mit ein paar kleinen Änderungen und rückt langsam wieder vor auf LOS.

Nun folgt der nächste Kosten-Schock vonseiten der EU. Laut einem EU-Richtlinienentwurf könnte schon bald eine Sanierungspflicht für das steinerne Gold kommen. Dann müssten alle Wohngebäude in Deutschland bis 2033 den Energiestandard D erreichen. Das soll den Energieverbrauch reduzieren und zum Klimaschutz beitragen.

Die Gebäudeenergieeffizienzklasse D in Deutschland bedeutet, dass der spezifische Energieverbrauch des Gebäudes zwischen 100 und 130 kWh/m²a liegen muss. Der Energieverbrauch wird anhand eines Energieausweises berechnet, der auch Informationen zu energetischen Schwachstellen und Empfehlungen zur Verbesserung der Energieeffizienz enthält.

Eine Sanierung ist immer mit Kosten verbunden. Bessere Dämmungen und Fenster-Austausch und Co. sind schließlich teuer. Der Verband „Haus und Grund" befürchtet Kosten zwischen 15.000 und 100.000 Euro pro Wohneinheit. Zum Thema Kosten äußert sich die EU auf einer Fragen-und-Antworten-Website. Dort heißt es:

„Energetische Renovierungen zahlen sich im Laufe der Zeit von selbst aus, da die Energierechnungen niedriger ausfallen und die dadurch erzielten Einsparungen in der Regel die für die Verbesserung der Gesamteffizienz eines Gebäudes erforderlichen Investitionen um ein Vielfaches übertreffen."

Um die Renovierung anzuschieben, stehen EU-Gelder von bis zu 150 Milliarden Euro (zumeist aus der deutschen Steuergeld-Tasche) zur Verfügung. Wie diese verteilt werden und wie Eigentümer daran kommen, ist noch nicht geklärt. Doch was genau passiert, wenn man sich nicht an die Sanierungsvorgaben hält? Das müssen letztlich die einzelnen Länder selbst entscheiden. „Der Kommissionsvorschlag gibt den Mitgliedstaaten Flexibilität dabei, welche Maßnahmen sie einführen wollen, um die in der Richtlinie festgelegten Ziele zu erreichen", teilte die Kommission auf Anfrage mit.

Dank der Kreditvergaberichtlinien der Banken durch die Basel-Regularien, die schwindenden Bonitäten der Bankkunden, den Verlust von Arbeitsplätzen und den stark gestiegenen Privat- und Firmeninsolvenzen kann davon ausgegangen werden, dass die Anzahl von Zwangsversteigerungen ein nie zuvor Maß erreichen wird. Die damit verbundene Immobilienschwemme wird die Werte des Immobilienbestands weiter nach unten drücken und gut betuchte Großinvestoren können sich den ganzen Segen für ein Taschengeld unter den Nagel reißen.

Die Frage, die sich jeder Immobilienbesitzer stellen sollte: Sollte man ausgerechnet jetzt in Immobilien investieren? Wenn ja – dann nichts wie ran.

Wenn nein – warum sollte man seinen Immobilienbesitz behalten? Der Großangriff auf des Deutschen liebstes Kind neben dem Sparbuch, das man sich getrost sparen kann, ist die Immobilie. Die Vorgehensweise zeigt, wie unverfroren die WEF-Vasallen ihren Herren den Weg zum Eigentum vornehmlich der kleinen Leute bereiten. Und wenn es dieses Mal noch nicht umgesetzt werden kann, dann eben demnächst. Man denkt in diesem elitären Kreis global und das in großen Zeiträumen. Der Bürger denkt, wenn überhaupt, kurz. Und das wird sein Verhängnis werden.

Und nun (endlich) zur Vermögens-Absicherung.

Wenn wir uns Gedanken über die Vermögensabsicherung machen, müssen wir für eine belastbare Basis sorgen. Geld allein macht nicht glücklich. Vor allem, wenn man mit einem Koffer voller Geld auf einer einsamen Insel ohne Laden festsitzt. Oder in einem westlichen Staat mit immer weniger Landwirtschaft und zusammengebrochen Lieferketten.

Wir hatten bereits das Vergnügen. Ein Brot kostete fünf Billionen Mark, falls es überhaupt welches gab. Alternativ gab es die Zigarettenwährung. Es begann mit Großpackungen und endete mit halbierten Kippen und Stummeln. Das stimmt wenig optimistisch, oder? Wenn es keine oder nur hoffnungslos überteuerte Lebensmittel gibt, dann hilft mir Geld, egal ob Digital oder Papier, nicht im Geringsten. Null Nährwert. Vielleicht dekorativ. Aber ansonsten völlig nutzlos.

Investieren Sie sofort in einen Lebensmittelvorrat. Wenn, wie gerade passiert, innerhalb eines Jahres der Preis von Pflanzenöl von einem auf fünf Euro hochkatapultiert wird, ist die Rendite für den Handel astronomisch. Bei Zucker, Mehl, Milchprodukte und Fleisch ist es ähnlich. Kaffee und Kippen sowieso. Nur Alkohol und Fernsehen bleiben erschwinglich. Durchhalteparolen wollen gesendet und Feindbilder verbreitet sein. Ohne Schuldige macht es keinen Sinn.

Investieren Sie also ein eine kalorische Grundversorgung. Lebensmittel für nicht weniger als ein halbes Jahr. Tauschartikel wie Tabak, Kaffee, Grundnahrungsmittel und Alkohol helfen besser durch die Not als ein guter Kontostand.

Gönnen Sie sich, wenn möglich, den Luxus einer Energie-Notversorgung. Gelobt sei, wer mit Öl heizt und einen vollen Tank im Keller sein Eigen nennen darf. Darum wird es ja auch so drakonisch verteufelt. Auch Holz und Kohle können helfen.

Sie brauchen Licht. Sie brauchen Strom. Sie brauchen Wärme. Und nicht zuletzt: Sie brauchen sauberes Wasser. Im Fall eines Blackouts funktioniert nichts mehr. Keine Wasserversorgung, keine Toilettenspülung, kein Strom aus der Steckdose, kein Kühlschrank, kein Telefon, kein Rechner. Es gibt kein Benzin. Keine Lieferungen. Keine Medikamente.

Haben Sie sich ausreichend vorbereitet? Ja? Chapeau. Dann sind Sie ein sogenannter Prepper, also prepared, und somit ein Zweifler an der hehren Botschaft der Politik und nach gängiger Ansicht ein Nazi. Und wer will das schon sein?

Der brave Bürger ist solidarisch. Das ist Sozialistenslang und bedeutet: *„Du hast noch was? Gib her!"*

Man bevorratet sich nicht. Man stirbt still und leise und hinterlässt sein Eigentum der Solidargemeinschaft. Oder man ist ein Ketzer, ein Extremist, ein Querdenker, oder ein Was-auch-immer-Theoretiker und handelt. Jeder hat die freie Wahl. Nur nicht bei Wahlen. Da gibt es nur den Einheitsmüll, vom Soros für uns zusammengestellt und von DEM Schwab vorbereitet, der uns die Misere überhaupt erst eingebrockt hat. Noch einmal auf den Punkt gebracht: Geld stinkt nicht, hilft aber im Krisenfall kaum und im Falle einer Enteignung oder einer Hyperinflation überhaupt nicht mehr weiter. Nicht einmal übers Wochenende.

Also: Erster Schritt: Vorräte, Energie und Wasser checken. Es gibt genug Bücher, die sich mit der Vorbereitung beschäftigen. Das hilft. Man muss sie nur lesen, verstehen und danach handeln. Aber das klingt wieder alles so dramatisch. So schlimm kann es doch nicht kommen. Oder vielleicht doch? Zurück zum chinesischen Fluch "Mögest Du in interessanten Zeiten leben".

Wie interessant können sie denn noch werden, die Zeiten? Was könnte noch schlimmer sein als eine galoppierende Inflation und die künstlich herbeigeführte Verknappung von Lebensmitteln bis hin zum Verteilungskampf? Haben Sie schon einmal zwei Omas beim Aldi im Kampf um die letzte Flasche Öl erlebt? Piranhas im Fressrausch sind nichts dagegen. Aber das ist noch nicht alles. Wir hätten da noch den Blackout im Angebot.

Ein Auszug aus „Heute", Österreich, vom 15.07.2022:

Blackout Szenario – Lidl erarbeitet Notfallkonzept Spar Österreich hat schon Vorbereitungen getroffen- nun folgt Lidl auch dem "Notfallkonzept".
Bei einem Blackout drohen Plünderungen und Überfälle. Nach "Spar Österreich" bereitet sich "Lidl Schweiz" nun auf das "Szenario im Dunkeln" vor.
Plünderungen, Einbrüche und Überfälle: Auf solche Szenarien bei einem Stromausfall ist die Supermarktkette Spar in Österreich bereits bestens vorbereitet. Auch in der Schweiz bereiten sich die ersten Einzelhändler auf das Horrorszenario vor.
"Wir beobachten die Entwicklungen im Energiebereich sehr genau und sind gerade dabei, die notwendigen Notfallkonzepte auszuarbeiten", heißt es bei Lidl Schweiz.
"Es ist sehr wichtig, dass man sich vorbereitet. Blackouts sind zwar ein Horrorszenario, aber man kann sie nie ganz ausschließen", sagt Markus Baumgartner vom Schweizer Verband für Krisenkommunikation

VKK. Die Vorbereitungen von Spar hält er grundsätz-
lich für sinnvoll. "Durch Vorbereitungen können Pa-
nik und Chaos im Blackout vermieden werden."
Privatpersonen empfiehlt Baumgartner das Anlegen
eines eigenen Notvorrats. Nur jeder Zehnte ist auf
einen Blackout vorbereitet. Öl, Kohle und Brennholz
werden knapp. Es gibt panische Hamsterkäufe.
Laut einem Sprecher verfügt Coop über diverse Not-
fallpläne und ist vorbereitet, dies zu verhindern. Und
Aldi Schweiz teilt mit: "Wir verfolgen die aktuelle
Situation stets aufmerksam und evaluieren diese im
Rahmen unseres Krisenmanagements, um unsere be-
reits vorhandenen Notfallkonzepte bei Bedarf anzu-
passen."

Wie die Notfallkonzepte im Detail aussehen, wollte
keines der Unternehmen preisgeben.

Die Spatzen pfeifen es von den Dächern. Doch anscheinend sind die Deutschen unbelehrbar und reali-
tätsresistent. Anscheinend hat sich das mit der "Ei-
genverantwortung" noch nicht herumgesprochen. Was
wollen demnächst blauäugige Gutmensch-Eltern ihren
Kindern mitteilen, warum es nichts zu essen, keinen
Strom und keine Heizung gibt?

Ach ja. Der Putin ist an allem schuld. Dann wäre das
ja geklärt. Es sind nicht die deutschen Wähler, die
einer „Elite" von geistigen Nullperformern die Ent-
scheidungsgewalt über Land und Leute in die Hand
gegeben haben. Es sind nicht die, die den Arsch nicht
hochbekommen und sich kein Stück verantwortungs-
voll verhalten. Schicksal. Daher müssen wir das wohl
so hinnehmen. Oder vielleicht doch nicht? Also: Är-
mel hochkrempeln. Handeln. Jetzt! Und daher komme
ich jetzt endlich auf das Thema Geldrettung.

Nur Bares ist wahres

Ist das so? Wirklich? Die Antwort lautet: Ja! Aber mit Einschränkungen. Es muss das „richtige" Bare sein. Papiergeld gehört definitiv nicht dazu. Weder als Euro noch als Dollar. Schon gar nicht nicht in gebundener Form wie in Lebens- und Rentenversicherungen, Bausparverträgen, Sparbüchern, Festgeld, Anleihen, Schatzbriefen, Girokonten oder digitalen Währungen. Vorhin war die Rede von Zombie-Unternehmen. Hier handelt es sich um etwas Vergleichbares: Das Zombie-Geld eines Zombiestaats. Alle Papier-Geldanlagen und Giralgelder werden von der Inflation verfrühstückt, sind pfändbar und somit toxisch geworden. Dann wären da noch Beteiligungen, Fonds, Aktien und die Immobilien. Alles transparent und pfändbar. Auch, wenn diese Anlageformen Chancen in sich bergen, so ist das Risiko, dass sie der unbändigen Gier der Politiker zum Opfer fallen könnten, groß.

Trennen Sie sich von allen Sparverträgen und Geldkonten. Ihr Geld gehört auf die Bank? Nicht im Geringsten. Die Banken sind Mitverursacher der ganzen Kalamitäten und haben bewiesen, dass sie mit Kundengeldern nicht verantwortungsbewusst umgehen können. Ebensolches gilt für die Politiker, ohne die es den ganzen EURO-Mumpitz, galoppierende Inflation, Deflation und Steuerwahnsinn nicht gäbe.

Sammeln Sie ihre hartverdienten Kröten ein. Nur ein Notgroschen sollte vorhanden sein. Verstecken Sie Ihre Talerchen und das in der richtigen Form. Papier ist geduldig, jedoch ungeeignet. Es taugt nicht einmal als Toilettenpapier. Zu wenig Struktur. Was bleibt? Kunst, Kulturgüter, Antiquitäten, Wertgegenstände sowie Edelmetalle und Edelsteine.

Gut versilbert ist halb gewonnen

Haben Sie schon etwas versilbert? Wenn nicht, dann ist es höchste Zeit. Verkaufen Sie allen unnötigen Plunder, den sie nicht mehr benötigen. Trennen Sie sich von Ballast. Haben Sie unnütze Dinge wie beispielsweise Sammeltassen, eine Briefmarkensammlung, Armband-Uhren oder andere Mist, den die Welt nicht braucht? Weg damit. Es sei denn, dass das Herz so sehr daran hängt, dass ein Leben ohne diesen Krempel nicht mehr lebenswert wäre.

Aller Wahrscheinlichkeit bekommen Sie dafür Geld. Tauschen Sie unnützes Papiergeld in eine andere Währung: Das gute, altmodische Silber. Gold geht auch. Platin ist eine Option.

Warum Edelmetall? Und was sind Edelmetalle?

Edelmetalle sind Metalle, die besonders korrosionsbeständig sind. Einige Edelmetalle, zum Beispiel Gold und Silber, sind deswegen seit dem Altertum zur Herstellung von Schmuck und Münzen in Gebrauch. Im Laufe der letzten vier Jahrhunderte wurden die Platinmetalle entdeckt, die eine ähnliche Korrosionsbeständigkeit wie Gold zeigen.

Edelmetalle sind die Zukunft. Heutzutage gibt es beinahe keinen Alltagsgegenstand mehr, in dem keine Edelmetalle verbaut und damit auch verbraucht werden. Ob im Handy in der Steckdose oder im Auto. Jedes Auto enthält etwa zwei Unzen Silber. In jedem Handy gibt es einige mg Gold. Bisher gibt es kein künstlich erzeugtes Material, das alle Eigenschaften von diesen Edelmetallen verbindet.

Edelmetalle sind knapp. Sie wachsen nicht nach. Sie können nur einmal gefördert und verbraucht werden. Beim derzeitigen Verbrauch reichen die bekannten

Silbervorkommen vielleicht noch 10 Jahre. Silber ist schon heute knapp: Die Nachfrage übersteigt seit Jahren das Angebot, was sich in sinkenden Lagerbeständen widerspiegelt.

Edelmetalle sind real greifbar. Wer hatte schon mal einen Gold- oder Silberbarren in der einen und vergleichsweise einen Geldschein oder die Police seiner Lebensversicherung in der anderen Hand? Metall hat Substanz. Da hat man was in der Hand.

Papier hingegen ist geduldig und lebt nur von der Hoffnung des Kunden und seinem Vertrauen auf seine Werthaltigkeit. Geld ist nichts als ein Versprechen. Und wer auf Versprechungen baut, der wird sehen, was er davon hat. Nichts.

Edelmetalle hingegen sind sicher und wertbeständig. Besonders in Krisenzeiten gelten Edelmetalle als Fluchtwährung. Mit Edelmetallen hat man bisher immer bezahlen können, auch in Zeiten der Hyperinflation, in der das Papiergeld einem quasi zwischen den Fingern zerronnen ist. In diesen Zeiten werden die Edelmetalle zu einer Art Ersatzwährung. Manche Experten raten sogar dazu, man solle sein Körpergewicht in Silber anlegen um einen Schutz vor Krisen zu haben. Edelmetalle bieten Steuervorteile. Bei Silber und Gold sind die Gewinne nach einem Jahr steuerfrei. Bei keiner anderen Anlageform sind die erzielten Kursgewinne bereits nach so kurzer Zeit frei vom Zugriff der unermüdlichen Gierlappen der Finanzbehörden. Übrigens gilt dies nur bei physischen Edelmetallen. Kaufen Sie ein Wertpapier, beispielsweise einen ETF, so bezahlen Sie Abgeltungssteuer. Das ist ein weiterer wichtiger Grund, einen Teil seines Vermögens nur in realem Edelmetall anzulegen.

Der Kauf von Edelmetallen dient als Inflationsschutz. Vor allem, wenn die Zinsen so niedrig sind, dass sie, wie aktuell, unterhalb der Inflationsrate liegen, bietet der Kauf von Edelmetallen eine Möglichkeit, sein Kapital zu erhalten und vor Verlusten durch negative Realzinsen zu schützen.

Edelmetalle sind jederzeit verfügbar. Es gab in der Vergangenheit noch keine Zeit, in der man Edelmetalle nicht zu Geld machen konnte. Im Gegenteil. In Krisenzeiten oder zu Zeiten der Hyperinflation werden Edelmetalle als Ersatzwährung gehandelt um bestimmte Waren oder Dienstleistungen zu erwerben.

Im Gegensatz zu Gold, ist Silber ein Industriemetall und wird in vielen Anwendungen verwendet. Gold hingegen wird nur in einem sehr geringen Maß in der Industrie verwendet. Der Hauptteil der Produktion fließt in die Schmuckherstellung oder wird als Barren oder Münzen in Tresoren eingelagert. Man kann also sagen: „Gold wird gehortet. Silber wird verbraucht!"

Silber findet, aufgrund der hervorragenden chemischen Eigenschaften, in über 43.000 Produkten eine industrielle Verwendung. Beispiele sind die Solarindustrie, Autoindustrie, Medizin, Haushaltsgeräte usw. Es gibt weltweit über 1.300 Patente, in denen Silber vorkommt.

Eine alte Kaufmannsweisheit besagt: „Im Einkauf liegt der Gewinn!" Derzeit ist Silber auf einem relativ niedrigen Preis. In den kommenden Jahren wird und muss dieser aber zwangsläufig steigen, denn die bekannten Silbervorkommen reichen vielleicht noch zehn Jahre. Dann müssen entweder neue, wenig ergiebige Vorkommen in Produktion gebracht werden, oder das vorhandene Silber auf den Müllkippen muss recycelt werden. All dies ist zum heutigen Marktpreis allerdings nicht möglich. Die Folge der Preis muss steigen. „Fallen kann es, steigen muss es!"

Es gibt ein historisches Preisverhältnis Gold zu Silber. Diese sogenannte Ratio ist im langfristigen Mittel bei etwa 1:40, also einer Unze Gold für 40 Unzen Silber. Derzeit liegt das Ratio bei etwa 1:90. Das bedeutet, dass Silber im Vergleich zu Gold sehr günstig ist.

Sollte dieses Verhältnis wieder auf das langfristige Mittel von 1:40 zurückkommen, dann können Sie Ihr Silber in Gold tauschen und erhalten mehr als doppelt so viel Gold für Ihr Silber, als wenn Sie direkt in Gold investiert hätten. Das beste Verhältnis von Gold zu Silber lag in etwa bei 1 zu 15! Was das für Ihr Silber bedeuten würde, braucht man nicht zu erklären.

In welcher Form sollte man Silber kaufen? Auch, wenn Silber in Barrenform preisliche Einkaufsvorteile liefert, halte ich den Kauf von konventionellen Münzen für den besten Weg. Mit einem Maple-Leaf, einem Krügerrand, den Wiener Philharmonikern oder anderen vorzugsweise Ein-Unzen-Münzen macht man nichts verkehrt. Eine Unze Silber ist ein probates Zahlungsmittel in einer angemessenen Größe. Eine Unze Gold ist schon schwieriger unter die Leute zu bringen, speziell wenn es um kleinere Zahlbeträge wie beispielsweise für ein Brot oder andere Lebensnotwendigkeiten geht.

Silbermünzen werden verhältnismäßig selten gefälscht. Mit Gold sieht es da schon anders aus. Kaum ein Privatkäufer ist in der Lage, den Unterschied zwischen einer Goldmünze und einer vergoldeten Replik aus Wolfram festzustellen. Also Obacht beim Goldkauf und der Wahl des Anbieters. Insbesondere Anbietern auf Plattformen wie ebay oder Amazon sollte man besser nicht vertrauen.

Lagern Sie Ihre Edelmetalle an einem sicheren Ort. Bei Kursmünzen ist das einfach: Im Garten verbuddeln geht immer. Unter den Dielen verstecken ebenfalls. Ein gut verborgener eigener Safe ist eine Option. Investieren Sie vorher in ein paar gute Schlösser und eine möglichst laute Alarmanlage.

Ein Bankschließfach hingegen geht gar nicht. Das ist der Ort, an dem die netten Leuten vom Finanzamt sofort Interesse zeigen. Leider steht der deutsche Steuerzahler mittlerweile unter Generalverdacht der Steuerhinterziehung. Wer nicht nachweisen kann, woher der Schatz in seinem Schließfach stammt, ist den ganzen Segen schneller wieder los, als er „Enteignung" sagen kann, falls die Politik und ihr guter Kumpel Finanzamt auf die Idee der Schließfachinhaltsüberprüfung kommen sollten.

Was passiert eigentlich, wenn im Rahmen einer Krise Banken geschlossen werden? Sie als Kunde haben plötzlich keinen Zugriff mehr auf Ihr im Schließfach gelagertes Vermögen. Also: Keine gute Idee, so ein Schließfach. Doch es gibt eine Alternative: Das Zollfreilager, beispielsweise in der Schweiz oder in Kanada. Das ist, zumindest derzeit, sogar sicherer als das sagenumwobene Fort Knox in Kentucky, Amerika.

Warum sicherer? Es macht den Eindruck, als ob sich die diversen Regierungen der USA kräftig am goldigen Eigentum anderer bedient hätten. Man weigert sich hartnäckig, die sich angeblich dort befindenden Goldreserven u.a. Deutschlands und Frankreichs nachzuweisen und Besuchern Zugang zu gewähren. Doch zurück zur Lagerstätte im Gotthardmassiv in der Schweiz. Anlässlich des zweiten Weltkriegs hat die Schweizer Nationalbank ihren Tresor in ein Bunkersystem im Gotthard verlagert. Nach dem Krieg wurde dieser Tresor nicht mehr benötigt und steht jetzt dem Privatanleger zur Einlagerung seiner Edelmetalle zur Verfügung. Ein Vorteil dieser Lagerung in der Schweiz ist die mehrwertsteuerfreie Anschaffung des Silbers bei einer Einlagerung im Zollfreilager. Man erhält dadurch im Vergleich zur Lagerung in Deutschland 19 Prozent mehr Ware.

Der Nachteil: Es fallen jährlich Verwaltungskosten an. Bei einer Stagnation des Metall-Kurses bedeutet das ein nicht von der Hand zu weisendes Risiko. Und weiterhin stellt sich die Frage: Wie sicher ist ausgerechnet eine staatliche Verwahrungseinrichtung? Die USA mit ihrem Fort Knox sind es jedenfalls nicht.

Wie sicher und stabil ist die Schweiz langfristig? Was passiert bei politischen Begehrlichkeiten? Man weiß es nicht. Es ist sicherlich auch eine Frage der Menge: Ein paar Kilo Silber oder Gold passen in jede Handtasche. Ein paar hundert Kilo stellen den Besitzer im Falle einer räumlichen Veränderung allerdings vor gewisse Transport- und Sicherheitsprobleme.

Die gute Nachricht: Es gibt Spezialunternehmen für Werttransporte, die es ermöglichen. Die schlechte Nachricht: Wer weiß, wie lange noch?

Die Re(Gier)ung braucht frisches Geld und nimmt alles, was sie kriegen kann. Ein Elfmeter wäre dann zum Beispiel ein Goldbesitz-Verbot für Privatleute mit einem feschen Ermächtigungsgesetz. Offenlegung aller Daten samt denen aus den Hausratversicherungen. Schon rollt das Enteignungskommando und das nicht zum erstem mal in der deutschen Geschichte.

Ermächtigungsgesetze? Dürfen die das? Nein. Dürfen sie nicht. Machen sie aber trotzdem. Neulich noch bei Corona zum Beispiel. Und schon war das Grundgesetz Geschichte. Also: Besser gut vorbereitet sein.

Goldene Zeiten

Schlechte Nachrichten aus Politik und Wirtschaft sind nicht selten gute Nachrichten für den Goldpreis. Wenn man sich sorgt, dass privates Vermögen in Krisen große Einbußen erleidet, kann man einen Teil in Gold anlegen. Da die Goldreserven weltweit begrenzt sind, behält das Edelmetall immer einen gewissen Sachwert. Anders als die sogenannten Kryptowährungen wie Bitcoin ist Gold seit Jahrhunderten als Zahlungsmittel akzeptiert. Ein Rundum-Sorglos-Paket ist Gold aber nicht.

Gold schwankt in „normalen" Zeiten auf lange Sicht im Wert stärker und bringt weniger Rendite als eine breit gestreute Anlage in Aktien. Das setzt allerdings eine funktionierende Weltwirtschaft, stabile Finanzsysteme und kalkulierbare Politiker voraus. Und genau daran mangelt es derzeit. Und da haben wir es wieder: *„Mögest Du in interessanten Zeiten leben!"* Ist es sinnvoll, Gold zu kaufen? Die Chinesen sagen: „Ja". Die Russen auch. Die Inder und Araber sowieso. Großinvestoren und Staaten kaufen ohne Ende Gold. Die Spatzen pfeifen es bereits von den Dächern, dass sich Währungen, die mit einem Goldstandard hinterlegt sind, in Planung befinden.

Was machen die Deutschen? Die Deutschen leisten sich ein Festgeld, ein Sparkonto, eine Rentenversicherung oder einen Bausparvertrag, weil sie so klug sind. Wie beim Silber stellt sich auch beim Gold die Frage: Goldbarren oder Münzen? Die Antwort hängt vom Betrag ab, den man investieren möchte.

Der Preis von physischem Gold richtet sich nach dem Gewicht der Barren und Münzen. Das Gewicht von Goldbarren wird meist in Gramm angegeben und reicht von 1 Gramm bis hin zu etwa 12,5 Kilogramm. Bei Münzen variiert das Gewicht meist zwischen einer Unze (31,1 Gramm) und einer zehntel Unze. Die Preisunterschiede zwischen gleich schweren Münzen und Barren sind relativ gering, meist sind Barren aufgrund der weniger aufwendigen Herstellung etwas günstiger.

Goldbarren sollten eine Reinheit von 999,9 Tausendstel aufweisen und von der Londoner Rohstoffbörse LBMA zertifiziert sein. Ansonsten kann es sein, dass man beim Verkauf der Barren mit Abzügen rechnen muss.

Bei Münzen ist von besonderer Bedeutung, dass es einen großen Zweitmarkt gibt und man sie im Bedarfsfall schnell und einfach weiterverkaufen kann. Folgende Goldmünzen eigenen sich zur Geldanlage, da sie in unlimitierter Auflage hergestellt werden und keine versteckten Preisaufschläge haben:

Krügerrand
Maple Leaf
American Eagle
China Panda
Britannia
Wiener Philharmoniker
Buffalo
Nugget – auch Känguru genannt
Centenario Mexiko

Der Kauf physischen Goldes ist leider mit Kosten verbunden. Die Marge des Händlers, die in der Differenz zwischen Kauf- und Verkaufspreis zum Ausdruck kommt, will beachtet sein. Die Differenz ist umso größer, je kleiner das Gewicht ist, da im Vergleich zum reinen Goldwert die Herstellungs- und Vertriebskosten anteilig größer sind.

Für Münzen empfehle ich den guten, alten Krügerrand mit einer Unze Goldanteil. Der erfreut sich weltweiter Beliebtheit als Zahlungsmittel, hat einen hohen Wiedererkennungswert und ist leicht auf Echtheit zu überprüfen.

Bei schwereren Münzen ist die Spanne geringer, aber leider auch der absolute Kaufpreis höher. Es kann später beim Verkauf natürlich einen erheblichen Unterschied machen, ob man beispielsweise in „Portionen" von rund tausend Euro verkaufen kann oder der Gegenwert eher bei 1.500 bis 2.000 Euro liegt.

Wenn man lieber Goldbarren kaufen möchte, sollte man bedenken: Einerseits sind die Kosten bei höherem Gewicht auch hier etwas niedriger. Andererseits muss man mit hohen Transaktionskosten rechnen, falls man nur einen Teil seines Goldes verkaufen will. Dann muss man erst den ganzen Barren abstoßen und anschließend in kleineren Einheiten zurück erwerben. Viele Kunden bevorzugen den Kauf von Gold beim Edelmetall-Händler, weil sie dort bar bezahlen können und anonym bleiben. Seit Januar 2020 ist der Edelmetall-Händler verpflichtet, sich von Käufern bereits ab einem Kaufwert von 2.000 Euro (vorher 15.000 und dann 10.000 Euro) den Ausweis vorlegen zu lassen. Kaufen Sie nur bei Händlern ein, die im Berufsverband des Deutschen Münzenfachhandels vertreten sind. Da man in den allermeisten Fällen seine Bestellung per Vorkasse bezahlen muss, ist die Verlässlichkeit des Verkäufers besonders wichtig. Alle Händler, die dem Berufsverband angehören, garantieren die Echtheit der verkauften Objekte und verpflichten sich zu fachlicher und kaufmännischer Sorgfalt beim Handel mit den Edelmetallen.

Die Preisunterschiede zwischen den einzelnen Händlern auf den jeweiligen Vergleichsportalen sind für gängige Goldbarren oder Goldmünzen zum Teil nicht zu unterschätzen. Beim Kauf kann so bei einem Dutzend Krügerrands ein Tausender mehr oder weniger zustande kommen.

Wie lagert man sein Gold richtig?

Ein heikler Punkt ist die Lagerung von Gold. Schon eine kleine Menge Gold ist so wertvoll, dass man kleine und daher relativ leichte Barren gut zu Hause verstecken und im Notfall auch transportieren kann. So ist ein Goldbarren mit einem Gewicht von einem Kilogramm im Wert von mehr als 55.000 Euro kleiner als die meisten handelsüblichen Smartphones.

Für ängstliche Gemüter: Was tun, wenn der böse Einbrecher oder Räuber kommt? Unter welchen Bedingungen kommt die Hausratversicherung im Schadensfall für einen Verlust auf? Beim Versicherer mal im Kleingedruckten nachschauen oder besser noch den gesamten Deckungsumfang abfragen und im Fall der Fälle den Anbieter wechseln.

Aber da ist auch ein Nachteil: Wenn es der Versicherer weiß, dann weiß es auch das Finanzamt, das als Räuber weit routinierter und besser organisiert ist als der Einbrecher von nebenan. Und das auch noch legal. Ein Dilemma.

Zurück zur Versicherung. Bei guten Gesellschaften ist Gold sowohl bei Lagerung zu Hause als auch im Bankschließfach abgesichert. Das macht Sinn, da Banken oft nur für einen beschränkten Wert des Schließfachs haften. Doch Obacht: Die Jungs und Mädels von Finanzamt können hier jederzeit zuschlagen. Beim Steuerzahler und offiziellem Sponsor der „Bundesrepublik Deutschland" aka „Plünderland" gilt nicht mehr die Unschuldsvermutung. Der Bürger steht unter dem Generalverdacht der Steuerhinterziehung. Die Finanzbehördler könnten also jederzeit zuschlagen und verfahren gern mit fremder Menschen Kapital, als sei es eine Fundsache oder ein Geschenk.

Eine Alternative zum Kauf von Barren und Münzen sind sogenannte Edelmetall-Depots. Dabei kann man Eigentum an Gold erwerben, das die Anbieter in Tresoren lagern. Rechtlich gesehen sind die eingelagerten Barren Sondereigentum und somit im Falle einer Insolvenz des Anbieters vor dem Zugriff anderer Gläubiger geschützt. Die Kosten für ein Edelmetall-Depot sind in der Regel höher als für die Lagerung im Bankschließfach. So verlangen manche Anbieter eine Gebühr von etwa 0,75 bis 1,00 Prozent des Goldwerts pro Jahr. Einige Anbieter werben damit, das Gold in der Schweiz zu verwahren und somit vor einem eventuellen Zugriff des deutschen Staates zu schützen.

In Deutschland gab es schon Währungskrisen, etwa 1923 zur Zeit der Hyperinflation, in denen der Goldbesitz und -handel eingeschränkt wurde. In der Schweiz dagegen war Gold noch nie verboten. Dafür muss man mit noch höheren Kosten rechnen. Es fallen ein Ausgabeaufschlag von 5 Prozent der Anlagesumme sowie eine jährliche Verwaltungsgebühr von 1,6 Prozent an.

Wie sieht es mit dem Einkauf von Gold über die Börse aus? An den Börsen werden verschiedene Wertpapiere gehandelt, die versuchen, die Entwicklung des Goldpreises abzubilden. Die meisten werden in Form von Zertifikaten oder sogenannten Exchange Traded Commodities (ETCs) angeboten.

Zertifikate können zum Beispiel Optionsscheine sein, also spekulative Papiere. Sie sind in der Regel nicht mit physischem Gold hinterlegt. Die Emittenten sind häufig Banken. Bei den ETCs handelt es sich in der Regel um Schuldverschreibungen, die den Wert einer bestimmen Menge Gold verbriefen und oft einen zumindest theoretischen Anspruch auf die physische Lieferung dieses Goldes beinhalten. Auch hier gilt: Trau, schau, wem. Es wurde schon oft Gold mehrfach verkauft.

In Deutschland sind eine Reihe von ETCs handelbar, darunter Xetra Gold, Euwax Gold und der Deutsche Bank Physical Gold ETC. Emittent von Xetra Gold ist eine Tochtergesellschaft der Deutschen Börse, Emittent von Euwax Gold eine Tochter der Börse Stuttgart. Das Gold der Deutsche Bank ETCs wird durch einen Treuhänder verwahrt.

Doch was ist, wenn der Emittent in einer schweren Finanzkrise insolvent wird? Bei Zertifikaten wäre das eingesetzte Geld futsch. Das widerspräche also völlig dem Sinn der Anlage in Gold. Bei ETCs, die einen Anspruch auf physische Lieferung des Goldes beinhalten, kann man nur hoffen, dass man dieses dann auch tatsächlich vom Emittenten oder Treuhänder bekommt. Möglicherweise muss man den Anspruch vor Gericht durchsetzen.

Ist Ihnen bei einem Goldinvestment wichtig, über eine Reserve für den Notfall zu verfügen, sind Goldmünzen und -barren die bessere Wahl. Diese hat man sicher im Tresor. Man ist doch nicht so treudoof, irgendjemandem sein Gold zur Aufbewahrung anzuvertrauen, um es mit etwas Pech nie wieder zu sehen.

Und schon geht es weiter mit der Vertrauensfrage. Wie sieht es mit Gold-Fonds oder Aktien aus?

Weltweit werden an den Börsen nicht nur Zertifikate auf Gold angeboten, sondern auch Investmentfonds, sogenannte Gold-ETFs. Die Besonderheit daran ist, dass ETFs mit physischem Gold besichert sind und rechtlich gesehen Sondervermögen darstellen. Bekanntestes Beispiel ist der SPDR Gold Shares.

Es gibt aber einen Haken: Diese Produkte sind in Deutschland nicht zugelassen, da sie gegen die Richtlinien für Investmentfonds verstoßen. Diese Regeln besagen, dass der Besitz des Investmentfonds auf mehrere Positionen aufgeteilt werden muss und somit nicht nur aus Gold bestehen darf. Konnten Anleger die Gold-ETFs früher noch über ausländische Börsen kaufen, ist dies seit Inkrafttreten des Kapitalanlagegesetzbuches am 22. Juli 2013 nicht mehr erlaubt.

Weitläufig gelten Aktien oder Aktienfonds von Goldminen-Betreibern als Alternative zum direkten Investment in Gold. Der Vorteil von Aktienfonds ist, dass sie Sondervermögen sind und Anleger dadurch im Insolvenzfall der ausgebenden Fondsgesellschaft geschützt sind. Historische Vergleiche zeigen, dass der Goldpreis allerdings nur für einen Bruchteil der Kursentwicklung der Unternehmen verantwortlich ist. Es gibt viele andere Faktoren, die einen Einfluss auf den Börsenkurs haben, etwa der unternehmerische Erfolg der Firma und die allgemeine Entwicklung des Aktienmarktes. Zudem schützen sich die Unternehmen meist vor großen Veränderungen des Goldpreises, sodass die Betriebsgewinne sich unabhängig von den Edelmetall-Börsen entwickeln können. Ich rate daher davon ab, in diese Aktien und Fonds zu investieren, wenn man an einer Geldanlage in das Edelmetall Gold interessiert ist.

Und nun zum fiskalen Aderlass. Welche Steuern zahlt man auf Gold?

Der Verkauf von physischem Gold ist frei von Einkommensteuer, wenn man seine Münzen oder Barren länger als zwölf Monate besessen hat. Ansonsten liegt ein privates Veräußerungsgeschäft vor und man muss den Gewinn aus dem Verkauf mit dem persönlichen Einkommensteuersatz versteuern.

Wertpapiere sind frei von Abgeltungsteuer, sofern sie den Anspruch zur Lieferung von physischem Gold beinhalten. Ein Beispiel ist Xetra Gold, ein auf dem Börsenplatz Xetra gehandelter Indexfonds auf den Goldpreis. Auf Gewinne aus Wertpapieren, die diesen Lieferanspruch nicht miteinschließen, fällt dagegen Abgeltungsteuer an.

Der Kauf von Goldmünzen und Goldbarren ist außerdem von der Mehrwertsteuer befreit. Ausnahme sind einige Sammlermünzen, deren Reinheitsgehalt geringer ist und die sich ohnehin nicht zur Geldanlage eignen.

Achten Sie darauf, dass Goldkäufe, wie auch Aktienkäufe oder der Erwerb anderer Wertpapiere, vom Widerruf ausgenommen sind. Das Bürgerliche Gesetzbuch begründet die Ausnahme damit, dass der Preis *„von Schwankungen auf dem Finanzmarkt abhängt, auf die der Unternehmer keinen Einfluss hat"*.

Wie viel Gold und Silber darf man kaufen? Eine generelle Obergrenze gibt es nicht. Aber für den anonymen Goldkauf in bar gilt in Deutschland seit 2020 eine Obergrenze von 1.999,99 Euro. Ab 2.000 Euro sind Händler verpflichtet, die Identität der Käufer festzustellen. Warum nur? Die Antwort findet sich einige Dutzend Male weiter oben im Buch.

Platin

Gold und Silber sind immer eine gute Wahl. Doch es gibt noch mehr Schätze wie Platin zu entdecken.

Platin zählt genauso wie Gold und Silber zu den Edelmetallen. Doch nicht seine Eigenschaft als inflationsgeschützter Sachwert oder Zahlungsmittel machen seinen Wert aus. Beim Investieren in Platin zählen vielmehr die zeitlose Eleganz von Platinschmuck und die für die Industrie vorteilhaften physikalischen Eigenschaften des Metalls.

Im Gegensatz zum Gold hängt der Platinpreis nicht nur von der Nachfrage am Kapitalmarkt ab. Weit stärkeren Einfluss haben die Auto- und Schmuckindustrie, welche 66 Prozent der Gesamtnachfrage im Jahr 2019 ausmachten. Die Bedeutung von Platin als Wertanlage ist mit einem Anteil von 3,6 Prozent eher gering. Seit 2014 kann der Platinpreis nicht mit der Goldrallye mithalten. Doch das war nicht immer so. Der Platinpreis war in der Geschichte schon immer stark von physischem Angebot und Nachfrage abhängig. Russland prägte im 19. Jahrhundert die erste und einzige staatliche Umlaufmünze in Platin und die ersten Platinpreise entwickelten sich. Der Erwerb dieser Münzen war für Europäer zu dieser Zeit die einzige Möglichkeit, das Edelmetall Platin physisch zu beziehen. Entsprechend hoch war die Nachfrage. Diese fand mit dem Ausfuhrverbot des Platinrubels im Jahr 1845 ein abruptes Ende und die Überproduktion von Platin führte zum Kursverfall.

Im 20. Jahrhundert stieg mit der Nachfrage nach Platin auch wieder dessen Preis. Dies lässt auf zwei Faktoren zurückführen: Monarchien auf der ganzen Welt entdeckten ihr Faible für Platin. Es bereicherte die

Schmucksammlungen von Kaisern und Königen, wo es mit seiner Schlichtheit die Brillanz von Diamanten unterstreichen sollte.

In dieser Zeitspanne gewann auch die wirtschaftliche Nutzung von Platin an Fahrt. Es wurde schon vorher für Schaltkontakte in Telegrafen und als Glühfaden in Glühlampen verwendet.

Doch mit der Patentierung des Ostwaldverfahrens, das Platin als Katalysator zum Herstellen von Salpetersäure verwendet, wurde 1902 der Grundstein seine Verwendung in der Kfz-Technik gelegt. Wegen der damit einhergehenden Verknappung des Edelmetalls betrug der Platinpreis bis zum Jahr 1924 teilweise das Sechsfache des Goldpreises.

Nach der Aufgabe des Goldstandards profitierte auch der Platinpreis von den Silberspekulationen der Gebrüder Hunt, die durch ihre Monopolstellung und künstliche Verknappung der physischen Silberbestände den Silberpreis um 3.000 Prozent in die Höhe trieben. In dieser Zeitspanne stieg der Platinpreis trotz schwacher Wirtschaftsentwicklung, niedriger Produktivität und hoher Arbeitslosigkeit um das Elffache.

Auch die hohe US-Verschuldung und massive Ausweitung der Geldwerte sowie die hohe Unsicherheit durch die Ölkrise dürfte Platin als Sachwert zum Aufschwung verholfen haben. Als die Notenbank auf die Silberpreisblase mit Auflagen bei Terminkontrakten reagierte, brach sowohl der Silber- wie auch der Platinpreis ein. Er notierte im Juni 1982 77 Prozent unter seinem Jahreshoch und konnte sich in den folgenden 20 Jahren nicht aus der Preisspanne von 300 bis 600 US-Dollars befreien.

Wer in Platin investieren will, der sollte daher auch immer die Entwicklung des Silberpreises verfolgen.

Erst in den Jahren 2000 bis 2008 begannen die Kurse von Platin wieder zu steigen. Dabei stieg der Platinpreis deutlich stärker als der Goldpreis. Er legte von 400 auf 2.000 US-Dollar pro Feinunze zu.

Im Zuge der internationalen Finanzkrise nahm er 2008 dann noch einmal richtig Fahrt auf. Allein im ersten Quartal legte er um 40 Prozent zu. Der Preis des Goldes als viel bekannteren Zufluchtsort von Kapital stieg in dieser Zeit nur um 20 Prozent. Der Grund: Platin wird als industrielles Edelmetall eher verbraucht und nicht wie Gold aufbewahrt.

So sorgten in dieser Zeit das knappe Angebot und der verhältnismäßig enge Markt für Platin für überproportionale Preissteigerungen.

Grundsätzlich lässt sich beim Investieren in Platin beobachten: In wirtschaftlichen Aufschwung-Phasen kann es schnell zu einem Angebotsdefizit von Platin am physischen Markt kommen, was dann zu überproportional starken Preisanstiegen führt. Diesen Mechanismus machen sich langfristig orientierte Investoren zunutze und investieren in den Abschwung-Phasen in Platin, um später Überrenditen zu erwirtschaften.

Dass bei Abschwüngen das Gegenteil der Fall ist und der Angebotsüberhang für starken Preisverfall sorgen kann, zeigt sich an der Preisentwicklung seit 2014. Seitdem der Platinpreis im Zuge der Finanzkrise 2008 dann doch zusammen mit anderen Asset-Klassen einbrach, hat er sich nicht wieder erholt. Die Hoffnung von Investoren, die auf einen raschen Preisanstieg im nächsten Wirtschaftsaufschwung setzten, ist bis jetzt nicht aufgegangen. Obwohl die Weltwirtschaft dank ständiger Geldspritzen der Notenbanken am Laufen gehalten wird, erklimmen Aktienindizes und der Goldpreis seit 2019 immer neue Allzeithochs und auch Silber zieht nach. Mit dem Platinpreis geht es stetig bergab. Das Platin-Gold-Ratio ist nun schon seit 2011 negativ, mit neun Jahren die längste Zeitspanne in der Kurshistorie der Edelmetalle. Die starke Abhängigkeit von der schwächelnden Automobilwirtschaft macht dem Edelmetall, das vor allem in Dieselkatalysatoren zu finden ist, zu schaffen.

Dass der Platinpreis dauerhaft sinkt, ist unwahrscheinlich, denn er spielt bei vielen Zukunftstechnologien und in der Industrie 4.0 eine bedeutende Rolle.

Platin steigert die Effizienz von Brennstoffzellen und ist daher auch für Brennstoffzellen Aktien interessant oder ein beliebtes Material in Mikrochips und digitalen Schaltkreisen. Die zunehmende Nachfrage in den nächsten Jahrzehnten könnte dem so lange verschmähten Edelmetall in den nächsten Jahren zu neuem Glanz verhelfen.

Der Platinpreis war schon immer mehr von seiner wirtschaftlichen Bedeutung als von seiner Funktion als Wertaufbewahrungsmittel geprägt. Wegen physischer Verknappung und Nachfrageüberhängen entwickeln sich seine Kurse oft überdurchschnittlich stark nach oben bzw. andersherum nach unten und machen das Edelmetall auch für Spekulanten interessant.

Die derzeit historische Unterbewertung dürfte sich in den nächsten Jahren auflösen, wenn heutige Zukunftstechnologien zum Standard werden und die Nachfrage nach Platin wieder ansteigt.

Bei allen Chancen hat Platin leider einen kleinen Nachteil: Platin ist im Wiederverkauf schwieriger zu händeln als Gold oder Silber. Es sollte also nicht der Notgroschen für schwere Zeiten sein, der in Platin investiert wird.

Palladium

Aufgrund seiner einzigartigen chemischen Beschaffenheit kommt Palladium ähnlich wie Platin bisher fast ausschließlich in der Industrie zur Anwendungen, etwa in Katalysatoren zur Reduzierung der Schadstoffbelastung von Fahrzeugen. Im Übrigen wird Platin dabei häufiger in Dieselmotoren verwendet, während Palladium eher in Ottomotoren zum Einsatz kommt.

Zwar kommen auch rund elf Prozent des weltweit produzierten Goldes und 55 Prozent des produzierten Silbers in der Industrie zum Einsatz. Doch bei Platin und Palladium liegen die entsprechenden Quoten bei 92 beziehungsweise 95 Prozent. Natürlich schwanken diese Anteile von Jahr zu Jahr. Aber stets geht fast die gesamte Produktion an Platin und Palladium in die Industrie.

Zwar wird die Nutzung von Katalysatoren anhalten. Doch der Marktanteil von Elektrofahrzeugen, die offensichtlich keine Katalysatoren benötigen, steigt. Infolge des starken Preisanstiegs bei Palladium könnte es Analysten zufolge künftig in Autokatalysatoren zunehmend durch Platin ersetzt werden, was den Palladiumpreis unter Druck setzen könnte.

Industrielles oder monetäres Metall?

Wenn der überwältigende Anteil der Platin- und Palladiumproduktion in die Industrie geht, bedeutet das im Umkehrschluss, dass nur ein sehr geringer Anteil von Anlegern oder von Schmuckkonsumenten gekauft wird. Tatsächlich ist die Investitionsnachfrage sowohl bei Barren als auch bei börsengehandelten Fonds seit einigen Jahren rückläufig.

Gold ist das einzige Edelmetall, das von den Zentralbanken als Reservewährung anerkannt ist und in großen Mengen gehalten wird. Es gilt als der ultimative "sichere Hafen". Einige wenige Regierungen halten auch Bestände an Silber, Platin oder Palladium, aber nicht in ihren offiziellen Währungsreserven.

Trotz seiner starken hohen industriellen Verwendung ist auch Silber ein monetäres Metall. Es wurde im Verlauf der Geschichte nicht nur als Währung verwendet, sondern es war auch in Krisen, insbesondere in Zeiten hoher Inflation, ein guter Wertspeicher, auch wenn in Krisenzeiten die schwindende industrielle Nachfrage seinen Wert mindern kann.

Platin und Palladium hingegen haben weder eine Tradition als monetäre Metalle, noch waren sie in der Vergangenheit gute Wertspeicher in Krisenzeiten, also in wirtschaftlichen Rezessionen und Börsencrashs. Zum ersten Fall: Wenn in einer Rezession die Wirtschaft schrumpft, sinkt offensichtlich die Nachfrage nach Platin und Palladium und der Preis fällt.

Seit 1970 hat es in den USA sieben offizielle Rezessionen gegeben. Der Palladiumpreis fiel in fünf der sieben Rezessionen. Zwar stieg Palladium in der Rezession 1974 zweistellig an. Doch ein sicherer Hafen in einer Rezession ist es genauso wenig wie Platin.

Gold hingegen hat sich in Phasen eines wirtschaftlichen Rückgangs meist positiv entwickelt. Der Goldpreis ist in fünf der sieben Rezessionen in den USA seit 1970 gestiegen, in einer stagnierte er und in einer anderen fiel er im einstelligen Bereich. Denn in der Regel ist wirtschaftliche Unsicherheit die Art von Umgebung, in der Gold gedeiht.

Was bringen Platin und Palladium bei Börsencrashs?

Die Frage nach dem Verhalten von Platin und Palladium bei Börsencrashs ist derzeit für Anleger besonders wichtig, da die Aktienmärkte zuletzt von Rekord zu Rekord gestiegen sind und historisch hoch bewertet sind.

Im Durchschnitt ist Gold das einzige Metall, das während der schlimmsten Aktienmarktcrashs gestiegen. Palladium und Platin hingegen fallen in solchen Szenarien in der Regel sehr stark. Silber hat bei Börsencrashs stets schlechter als Gold abgeschnitten, aber in der Regel besser als Platin und Palladium.

Wer sich von der meist schlechten Performance in Krisenzeiten von Platin und Palladium nicht abschrecken lässt, der steht vor weiteren Problemen, wenn er konkret investieren will. Da die beiden Edelmetalle nicht die Steuervorteile von Gold genießen, zahlt man beim Kauf einer Münze oder eines Barrens einen Preisaufschlag in Höhe von mindestens 20 Prozent. Möglicherweise ist diese horrende Besteuerung einer Geldanlage einer der Gründe, warum so wenige Anleger in Platin oder Palladium investieren.

Natürlich ist damit noch nicht das Ende der Fahnenstange erreicht. Es gibt weitere Metalle, vornehmlich Industriemetalle, die als Anlage angeboten werden.

Sogenannte „strategischer Metalle" wie Indium, Chrom und Wolfram werden in der Industrie vielfach einsetzt, etwa für Bildschirme und Leuchtdioden.

Es gibt keinen geregelten Markt. Die Metalle werden nicht als Kursmünzen angeboten. Im Fall der Fälle bleibt der Investor auf seiner Ware sitzen. Also: Zur Risikostreuung bei großen Vermögen können Industriemetalle eingesetzt werden, müssen es aber nicht. Gold und Silber gehen leichter und sind risikoärmer. Und nun nur Königsklasse der Anlagemöglichkeiten.

Edelsteine

Negative Zinsen auf dem Girokonto oder Sparbuch und eine Inflationsrate, die von einem Rekord zum nächsten zu eilen scheint, lassen viele Anleger in diesen Tagen händeringend nach Alternativen suchen. Der Blick fällt dabei unweigerlich auf Gold und Silber, aber auch auf Kunstwerke und Edelsteine.

Letztere sind allerdings Anlagen, die ein höheres Maß an Fachwissen erfordern, da nicht jeder Anleger in der Lage ist, zu beurteilen, ob die vom Antiquitätenhändler angebotene Vase tatsächlich aus dem 13. oder 16. Jahrhundert oder vielleicht doch „Made in China" ist oder ob der vermeintliche Edelstein überhaupt echt ist. Unbedarfte Privatanleger laufen deshalb schnell Gefahr, mit Fälschungen beglückt zu werden. Gerade beim Kauf von Edelsteinen sind deshalb Zertifikate, die von unabhängigen Prüfern erstellt werden, ein unverzichtbares Muss.

Saphire, Rubine, Smaragde, Topase und Opale lassen nicht nur die Herzen vieler Schmuckliebhaber höher schlagen. Auch bei Investoren erfreuen sich Juwelen wachsender Beliebtheit. Der Kauf wertvoller Steine ist allerdings etwas komplizierter als bei Gold und Silber und bedarf gewisser Kenntnisse.

Auf die Schnelle reich wird man mit Edelsteinen nicht. Doch Edelsteine sind eine, wenn nicht sogar die älteste Wertanlageform der Menschheit und in vieler Hinsicht das konservative Gegenteil aktuell gehypter Anlageformen wie Meme-Aktien, Kryptowährungen oder digitalen Sammelbildern.

Die Chance auf dramatische Wertsteigerungen ist dabei ebenso übersichtlich wie das Risiko eines weitgehenden Wertverlustes.

Natur-Edelsteine sind als probater Inflationsschutz und Stabilitätsanker vor allem zur Diversifikation im Portfolio geeignet. Gemeinsam haben die schönen Steine mit Bitcoin und anderen alternativen Geldanlagen, dass die Nachfrage stark gestiegen ist. Die Attraktivität von Edelsteinen liegt für viele Anleger darin, dass es sich um einen Sachwert handelt, der viel leichter zu transportieren und zu lagern ist, als das bei Investoren bekanntere Gold. Zehntausende oder gar Millionen Euro teure Steine lassen sich bequem in der Hosentasche transportieren und im heimischen Safe lagern.

Kein Edelmetall oder anderer Gegenstand hat eine vergleichbar hohe Wertkonzentration in so geringer Masse. Zudem sind Edelsteine unempfindlich gegen Hitze oder Feuchtigkeit (abgesehen von Opalen) und bedürfen keinerlei Pflege.

Gleichzeitig sind die Natursteine für die meisten ihrer Besitzer aber viel mehr als nur ein praktischer Wertspeicher. Kein Stein ist austauschbar, jeder hat von Natur aus einzigartige Merkmale in Struktur, Farbe und Form. Die Erfahrung zeigt, dass auch Investoren, die zunächst rein rational an die Sache herangehen und sich lediglich für die per Zertifikat bestätigte Echtheit ihrer Rubine und Smaragde interessieren, nach und nach oft zu begeisterten Sammlern werden. Mit dieser Einzigartigkeit der Steine hat auch ihr großer Nachteil als Geldanlage zu tun. Ganz so einfach wie bei Wertpapieren oder Edelmetallen lässt sich für Laien ihr Wert nicht ermitteln. Ihr Handel ist vergleichsweise kompliziert. Für den Preis sind neben der Sorte des Steins Größe, Klarheit, Farbintensität und auch die Herkunft entscheidend. Auskunft darüber geben Zertifikate unabhängiger gemmologischer Labore. Auch dafür, das angelegte Geld wieder flüssig zu machen, müssen die Anleger Zeit einplanen, um sich entweder Angebote von Edelsteinhändlern einzuholen oder besser die Steine privat zu veräußern. Ein Verkauf ohne Verlust ist in der Regel erst nach einigen Jahren möglich. Beim Edelsteinkauf von Privatpersonen beim Händler wird offiziell die Mehrwertsteuer fällig. Legen wir eine durchschnittliche Wertsteigerung je nach Edelsteinart von vier bis acht Prozent zugrunde, so wie es in den vergangenen 25 Jahren der Fall war, sollte man ein Edelsteinportfolio also mindestens vier oder fünf Jahre halten. Dafür sind dann die Gewinne aus dem Verkauf einkommensteuerfrei, sofern der Verkäufer die Steine länger als ein Jahr besessen hat. Die Königsklasse unter den Edelsteinen gehört den Diamanten. Der globale Handel mit Diamanten ist eines der schillerndsten Geschäfte der Menschheit. Doch es ist in Umbruch geraten. Neue Techniken für Zuchtdiamanten bringen eine alte Welt ins Wanken. Es macht daher Sinn, die gewünschte Anlagesumme nicht in einen einzelnen, sondern in ein Portfolio aus zwei oder mehr Steinen anzulegen.

So kann man bei Bedarf auch Teile davon verkaufen. Zudem entwickeln sich die Preise verschiedener Steine durchaus unterschiedlich. Bei Edelsteinen müssen sich Anleger für eine Strategie entscheiden. Soll es ein relativ teurer Stein aus einem der traditionellen Herkunftsländer sein, etwa ein Saphir aus Burma? Oder lieber ein vergleichsweise günstigerer Stein aus einem noch neueren Exportland wie Mosambik, der möglicherweise mehr Potenzial für Wertsteigerungen bietet?

Edelsteine sind klein, leicht zu transportieren und konzentrieren höchsten Wert auf kleinstem Raum. Daher kann man z.B. eine Million Euro in Form eines zehnkarätigen Diamanten bequem und unauffällig in der Brieftasche mit sich führen, ohne dass es jemandem auffällt. Edelsteine können zudem diskret, einfach und leicht weitergegeben werden.

Die Fundmengen von Edelsteinen, speziell Rubin und Saphir aber auch Farbdiamanten gehen weltweit zurück. Frühere Herkunftsländer in Asien sowie Russland sorgen für hohe Nachfrage.

Naturfarbene Edelsteine weisen seit mehr als 40 Jahren eine beträchtliche Wertsteigerung auf und gelten als wertbeständig.

Edelsteine sind abgesehen von Gold und Silber der wohl emotionalste Bereich der Wertaufbewahrung: Nichts anderes von so hohem Wert wird so nahe am Körper getragen und daher so oft am Tag berührt.

Edelsteine sind leicht zu lagern, verursachen keinerlei Aufwand und benötigen keinen außergewöhnlichen Service. Sie weisen keine metallischen Eigenschaften auf und sind auch mit Metalldetektoren kaum zu finden. Und selbst die sensibelste Hundenase ist überfordert.

Wenn man einmal davon absieht, dass Edelsteine einfach hübsch sind, spricht die Sicherheit einer Investition ebenso für sich wie die Wertsteigerung. Insbesondere zu Zeiten höherer Inflation sind sie für den Kapitalschutz eine gute Wahl.

Bei Edelsteinen dreht sich alles um die sogenannten vier „Cs", denn die wichtigsten Aspekte, auf die es zu achten gilt, beginnen in der englischen Sprache alle mit dem Buchstaben C. Das erste C steht dabei für das

Gewicht des Steins. Es wird in Karat gemessen, wobei zwei Gramm für ein Karat stehen.

Im ersten Augenblick hilft eine genaue Analysenwaage auch dem Privatanleger ein gutes Stück weiter, denn es kann zumindest überprüft werden, ob das angegebene Gewicht korrekt ist. Das große Problem bei Diamanten ist jedoch, dass die Preise nicht linear steigen, sondern ein größeres Gewicht deutlich höhere Preise nach sich zieht.

Noch schwieriger wird es, wenn auch die anderen „Cs" ins Spiel kommen. Sie stehen für die Farbe (colour), die Reinheit (clarity) und für den Schliff (cut) des Diamanten. In der Regel können nur ausgebildete Spezialisten diese Feinheiten so gut erkennen, dass sie den Wert eines Edelsteins sicher einschätzen können. Einen Edelstein als Kapitalanlage zu kaufen ist eine gute Idee, ohne Expertise durch einen anerkannten Gemmologen aber eher eine Form von Roulette. Und man sollte sein Kapital nicht verzocken.

Hochwertige Steine eignen sich nicht nur zur Kapitalabsicherung. Sie sind auch eine gute Komplementärwährung. Auch, wenn der Tausch gegen Steine etwas komplizierter als der gegen Gold und Silber ist, so haben Sie doch immer etwas substanziell Hochwertiges mit geringem Platzbedarf in der Hand.

Diskret zu transportieren und übertragen, anonym vererbbar oder als gern gesehenes Präsent geeignet und hübsch anzusehen sind sie noch dazu.

„Diamonds are a girl's best friends." Und deren Geschwister vom Topas bis zum Rubin, vom Smaragd bis zum Tansanit werden auch gern gesehen. Also keine Scheu vor Neuland: Es ist nicht schlecht, steinreich zu sein.

Fazit

Und nun zur Kernaussage, volkstümlich auch Fazit genannt: Trennen Sie sich von allem, was in irgendeiner Form eine sogenannte Geldwertanlage ist. Weg mit Sparbriefen, Sparkonten, Bausparverträgen, Rentenversicherungen, Riester oder anderen Sparformen, die nur den Initiator reich machen.

Ein Notbestand an Barem ist sinnvoll, solange man damit überhaupt noch etwas kaufen kann. Doch in den Tagen der Inflation wird es täglich weniger. Das Einkommen ist gleichgeblieben, aber der Butterpreis hat sich mehr als verdoppelt. Und die Heizkosten? Im Winter stellt sich vielen Mitbürgern die Frage: Essen oder Heizen?

Misstrauen Sie den Banken, deren Konten, Produkten und Schließfächern. Die Maxime der Stunde lautet „Retten, Bergen, Sichern". Unternehmen, die die immer wieder „gerettet" werden müssen, sind vielleicht doch nicht der probate Partner in Geldangelegenheiten.

Noch einmal kurz zur Immobilie als Anlage. Immobilienbesitz ist ebenso interessant wie gefährlich. Sie wollen eine Immobilie kaufen? Wenn ja, dann besser im Ausland. Bali soll um die Jahreszeit sehr schön sein. Wem es Ihnen dort zu warm ist: Island ist deutlich kühler. Südamerika ist mit allen Klimazonen von tropisch bis arktisch immer eine Option.

Immobilienbesitz in Deutschland ist derzeit eine entschieden zu heiße Ware. Die Kaufpreise sind sehr hoch; wir sitzen auf einer typischen Blase. Es war nie verkehrt, sich von Ballast zu trennen, insbesondere wenn die Kurse hoch sind. Und es war noch nie gut, zu Höchstpreisen einzukaufen, um kurz darauf auf der Talsohle zu landen.

Sie haben zu lange am Aufbau Ihres Vermögens gearbeitet, um es anderen in den Rachen zu werfen. Sichern Sie es ab und wenn nicht für sich selbst, dann zumindest für Ihre Kinder und Enkel.

Geld ist nichts anderes als verbriefte Lebensarbeitszeit und sollte entsprechend wertgeschätzt werden, egal, wer sie erbracht hat. Neben der Gesundheit ist Zeit das wichtigste Gut und wird von Sekunde zu Sekunde weniger. Also genießen Sie Ihr Leben. Geld kann dabei helfen.

Man sollte Geld natürlich nicht überbewerten. In etlichen reichen Menschen stecken nur arme Schlucker in teurem Zwirn. Die wirklich wichtigen Dinge findet man innen. Und doch hat Geld seinen Vorteil. Ich habe sowohl Zeiten sowohl mit wie auch ohne Geld erlebt. Die Zeiten mit Geld waren deutlich angenehmer, weil sorgloser und stressärmer. Ich hoffe, dass dieses Buch für Sie unterhaltsam, informativ und vielleicht inspirierend war und wünsche Ihnen gutes Gelingen bei der möglichst optimalen Positionieren und Verteidigung Ihres Vermögens.

Und für diejenigen Leser, die sich nicht nur mit der Produktion von Sorgenfalten auf der Denkerstirn beschäftigen wollen, gibt es mehr Literatur vom Boss, die mindestens ein Lächeln ins Gesicht zaubert. Viel Spaß damit und auf Wiederlesen.

Barthle B. Boss

Die erste ist die schwerste...

Dieses Buch ist eine Million Euro wert.
Es liefert auf unterhaltsame Art die einzige,
garantiert funktionierende Strategie zum Aufbau
der ersten Million und beantwortet die mehr
denn je aktuellen Fragen: Wie funktioniert Geld und
warum kann man sich das Sparbuch sparen?

Viel Spaß beim Lesen und noch
mehr Erfolg wünscht

Barthle. B. Boss

Gallenextrakt

Was haben „Der schwedische Albtraum", „Malta sehen und sterben", „Hasenjagd", „Uschis Krabbelgruppe", „Lego Brutal", „Politisch korrektes Weihnachten" und „Sex'n Drugs'n Rock'n Roll" gemeinsam?
Sie sind ein Teil dieses Buches mit 32 miesen, fiesen, kleinen, feinen und gemeinen Kurzgeschichten und einem Lied aus der spitzen Giftfeder von Barthle B. Boss.

Boshafte Unterhaltung vom Feinsten mit einer ordentlichen Spur Zersetzung und garantiertem Spaßfaktor, eingelegt in bestem Gallenextrakt.

Wer das nicht liest...ist selbst schuld.

„Echte Männer essen keinen Tofu"

...ist das ultimative Buch für richtige Männer und diejenigen, die es noch werden wollen. Es eignet sich auch als Lektüre für Frauen, die tatsächlich den Wunsch verspüren, endlich das andere Geschlecht verstehen zu können.

Nichts wie raus aus dem politisch korrekten Gender-Wahnsinn und hinein in die Welt männlichen Schaffens, Vergnügens und allgemeiner Heiterkeit.

Es tut gut, ein Mann zu sein.

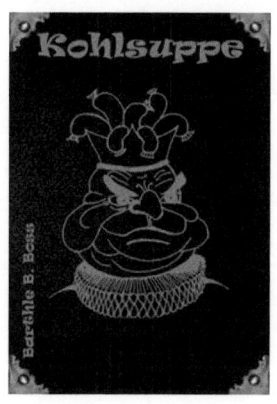

Kohlsuppe

Barthle B. Boss

Die Reichshauptstadt Ogersheim wird belagert. Regent, Kanzler und Pfalzrat stehen einer alten Hinterlassenschaft der Ostlande hilflos gegenüber. Der berühmte Zauberer Aegidius und sein Lehrling Bernward ziehen aus, um das Reich zu retten. Doch alles nimmt einen anderen Verlauf als geplant.

Wer steckt hinter der Bedrohung? Welches Spiel treiben die Grafen Gerhard, Oskar und Rudolf? Was führen „die kleine M" und die Ost-Stapo im Schilde? Wie gefährlich können Zauberbücher sein? Was sind die beruflichen Perspektiven für Hexen? Wer wird den Wettstreit um das Kanzleramt gewinnen?

Es gibt nur einen Weg zu den Antworten: Lies das Buch!

„**Ölfritten**" ist nach „**Kohlsuppe**" der zweite Teil der Ogersheim-Trilogie und ein Zauberbuch politisch völlig inkorrekter Fantasy. Der Reichskanzler, vom Volke als Graf Ölkopf geschmäht, befindet sich im harten Kampf mit alten Freunden und neue Feinden. Die Interessen, denen er gerecht werden muss, sind vielfältig und kontrovers. Wieder kommt es zu einer Bedrohung durch ein magisches Relikt aus den Ostlanden, das schon zu Zeiten von „Eric dem Roten" berüchtigt war.

Und dann steht auch noch der Wettkampf um die Ogersheimer Wurstkrone vor der Tür.

Politik trifft auf Wirtschaft, Ostalgie auf Nostalgie, Zauberei auf Technik, Hochfinanz auf ahnungslose Bürger, die aktuellen Berichte der Stiftung Zaubertest verschönen das Leben und inmitten des Chaos versucht die durchtriebene „M", Reichskanzlerin anstelle des Reichskanzlers zu werden. Das Buch ist ein Feuerwerk aus rabenschwarzer Tinte und Unterhaltung pur von Alpha bis Omega.

Goldbroiler ist nach „Kohlsuppe" und „Ölfritten" der finale Band der Ogersheim-Trilogie.

Merkwürdige Dinge passieren im Reich. Die allseits unbeliebte Reichskanzlerin der Schmerzen und ihre Vasallen leisten ganze Arbeit.
Was sind das nur für seltsame Leute in den merkwürdigen Nachthemden, die in Heerscharen das Reich heimsuchen? Wer ist der geheimnisvolle Barde, der kübelweise Hohn und Spott vergießt? Was haben die Hofzauberer der großen "M" geplant? Gibt es tatsächlich Krieg mit dem Zaren von "Borscht"? Es wird turbulent in Ogersheim. Der Rat wird akademisch. Und dann auch noch OSDS – Ogersheim sucht den Supersänger.

Das Buch bietet ein rasantes Finale und die Antwort auf die Frage: Wie rettet man das Reich und wird die „Große M" nebst ihren Vasallen wieder los?